ESSAI
SUR L'ORGANISATION
DE
L'ARME DE L'ARTILLERIE.

ESSAI
SUR L'ORGANISATION
DE
L'ARME DE L'ARTILLERIE.

PAR le Général LESPINASSE, membre du Sénat conservateur.

PARIS,
MAGIMEL, libraire, quai des Augustins, n.° 73.

AN VIII. — 1800.

aujourd'hui la place éminente que je dois à l'indulgence du sénat, pour se dispenser de finir un ouvrage dans lequel il craindrait d'échouer, et qu'il prétendrait d'ailleurs lui être maintenant étranger. Comme si rien de ce qui intéresse la patrie, pouvait l'être à celui qui l'aime, et que ses bienfaits cumulés dussent restreindre ou diminuer le zèle du vrai citoyen! Je pense, au contraire, que plus la république nous élève, plus elle acquiert de droits à notre reconnaissance; et que, sous ce rapport, le sénateur insusceptible, sans doute d'autre ambition, que de l'honneur de garantir de toute atteinte la charte sociale sur laquelle repose le bonheur de tous, après avoir rempli ce devoir, le plus grand, le plus saint de tous, doit les autres momens de sa vie à l'étude des sciences, des arts et des différentes parties des administrations civiles, politiques et militaires, à la perfection desquels il croit pouvoir contribuer par ses vues. Vous voyez, citoyen Général, si je cherche à me défendre de remplir la tâche dont vous m'avez fourni les matériaux dans les champs de la gloire. Pourrais-je d'ailleurs oublier l'arme à laquelle j'avais consacré ma vie, et que j'ai si souvent conduite à la victoire sur vos pas triomphans? Ces beaux ressouvenirs ne peuvent s'effacer; et sans dire ici que je regrette la carrière brillante dans laquelle vous m'aviez encouragé par des éloges que je désirais justifier par de plus longs sacrifices à ma patrie, souffrez seulement que je vous rappelle ce que j'ai eu l'honneur de vous dire à mon retour de l'armée d'Angleterre, que si les circonstances vous obligeaient de vous mettre à la tête d'une de nos grandes armées, je voudrais alors qu'il pût m'être permis de commander encore votre artillerie, et de ne déposer qu'avec vous mes armes dans le temple de la Concorde. Quelle gloire de rentrer au sénat compagnon de vos derniers travaux, et de reprendre, parmi les sages conservateurs de la constitution que nous vous devons, une place méritée par les efforts que j'aurais faits à côté de vous, pour terminer nos différens avec tous nos ennemis; fermer par-tout le temple de la Guerre, et donner la paix aux peuples des deux mondes; à nos rivaux mêmes, qui nous pardonneraient enfin de les avoir vaincus en générosité ! Ce serait, je l'avoue, ambitionner tous les bonheurs; mais vous inspirez le désir de tous les succès, comme l'amour de toutes les vertus, et la soif de toutes les gloires, dont brûle le Français, toujours altéré de celle de sa patrie.

Je reviens à l'organisation de l'artillerie. Celle dite de campagne n'ayant pas été employée de la même manière dans toutes nos armées, le ministre de la guerre a demandé, l'hiver dernier, au comité central de cette arme, de lui présenter ses vues sur son organisation. J'ai proposé celle que j'ai l'honneur de vous adresser ; celle avec laquelle vous avez conquis l'Italie.

J'avais précédemment envoyé le plan de cette organisation aux ministres de la guerre Petiet et Schérer ; au premier, de votre armée même, le 13 thermidor an 5, ainsi que j'eus l'honneur de vous en faire part ; et au second, de celle d'Angleterre, les 28 messidor an 6, et 12 frimaire an 7. Mais ces premières expositions de mon système n'en étaient, je l'avoue, que des extraits, ou tout au plus de grands aperçus, comme on peut les donner dans une correspondance aussi précise que doit l'être celle des généraux aux ministres. J'ai développé depuis mon idée, et je crois n'avoir rien laissé à désirer sur cet objet, dans le mémoire que j'ai remis aux membres du comité de l'artillerie, ou, pour mieux dire, déposé dans le sein de la confiance et de l'amitié, en terminant nos conférences sur cette intéressante organisation. Je ne dirai pas que dans ces discussions nous ayions tous été du même avis ; mais nos différences d'opinion ont été heureuses par le jour qu'elles ont répandu sur la question. Mon travail n'aura pas été inutile, si j'ai développé, de manière à vous intéresser, un système dans lequel vous verrez que mes principes sont en tout les vôtres. Heureux d'avoir commandé l'artillerie dans plusieurs armées, ce qui m'a mis à même de comparer les systèmes et les hommes ; plus heureux encore d'avoir appris avec vous à manier cette arme terrible dans les circonstances difficiles, qui ont décidé du sort de tant de peuples : j'ai puisé dans vos dispositions les jours de bataille ; dans vos ordres, dans vos lettres, les règles de l'art dont je cherchais la perfection. Vos marches, vos camps, vos siéges, ont été mon livre. Ainsi, riche de vos succès et de nos conférences dans les champs de la victoire, ou en poursuivant nos ennemis, je n'ai pas eu besoin de dire comment il fallait organiser l'artillerie pour vaincre ; mais comment elle a vaincu avec vous; et c'est l'organisation de cette arme que j'ai proposée. Veuillez jeter un coup-d'œil sur cet Essai, que je ne puis soumettre à un meilleur juge, puisque c'est sur l'artillerie que vos victoires ont instruite et rendue la plus redoutable de l'Europe, que je viens modeler auprès de vous celle que je crois convenir aux Français, à ce peuple aussi éclairé que brave, et dont le suffrage est si flatteur, parce qu'il sait apprécier. Si trop de zèle pour la gloire d'une arme que je suis, je l'avoue, fier d'avoir commandé sous vos ordres, m'avait entraîné dans quelques erreurs dans l'ensemble de mon système, daignez y porter le flambeau de la sévère amitié, et m'aider, par vos conseils, à rendre cet ouvrage utile au corps, mes premiers amours, avec lequel je serai toujours en esprit ; à nos armées, qui n'ont que trop senti le malheur de votre absence ; et à la patrie, dont la plus grande défense n'est pas dans la force matérielle de ses armes, mais dans les talens de ceux qui les dirigent.

Je commencerai par l'organisation du matériel de l'artillerie, parce que celle du personnel en dépend.

PREMIÈRE PARTIE.

Organisation du matériel de l'artillerie.

CHAPITRE PREMIER.

Changemens faits dans l'organisation de l'artillerie de campagne, depuis l'institution de cette arme jusqu'à la conquête de l'Italie.

1. L'INVENTION des pièces de campagne, ou dites de bataille, fut heureuse sans doute, puisqu'elle ôta aux armées l'embarras de la grosse artillerie ; et que, si elle n'en eut pas les grands effets, elle y suppléait, au moins en partie, par sa mobilité. Elle n'excluait pas d'ailleurs les pièces de gros calibres dans les grandes affaires, quoiqu'elle en diminuât considérablement le nombre, ce qui allégeait d'autant les équipages d'artillerie des armées; mais il en fut de cette institution, bonne en principe, comme de toutes les nouveautés de ce genre, dont la brillante exécution fit tourner la tête à la foule non instruite. On ne vit plus la force des armées que dans le nombre des pièces de campagne dont on hérissa leur front de bataille, et peu s'en fallut qu'on n'y multipliât les canons comme les fusils. On ne fût pas tombé dans cet inconvénient, si l'on n'eût pas voulu organiser la nouvelle artillerie systématiquement; c'est-à-dire dans le cabinet, et avant de l'avoir éprouvé avec les troupes. Je vais profiter de cette faute ; et toujours plus confiant dans ce que j'ai vu en

faisant la guerre avec d'habiles généraux, que dans ce que j'ai lu en tant d'auteurs qui ont si diversement écrit sur ce qu'ils ont appelé l'usage raisonné de l'artillerie ; je déduirai l'organisation de cette arme, des changemens et améliorations qu'on y a faits dans les différentes armées où j'ai été successivement employé; j'expliquerai les motifs d'après lesquels j'ai cherché à déterminer le nombre, les espèces et les calibres des bouches à feu que j'ai cru devoir être attachées aux troupes agissantes en raison de leur force ; enfin je développerai le système d'organisation d'artillerie qui a fixé dans les armées la proportion suivant laquelle il a paru convenable d'attacher l'artillerie à l'infanterie ; et *vice versâ*.

Pour faire mieux sentir l'avantage de ce système, reportons-nous pour un moment à ce que nous avons dit plus haut, de l'emploi immodéré qu'on fait de la nouvelle artillerie à sa naissance.

3. L'ordonnance du avait attaché deux pièces de 4 à chaque bataillon d'infanterie ; ensorte qu'une armée de 60 bataillons, par exemple, avait 120 pièces de ce calibre marchant avec elle : elle avait, en outre, le même nombre de pièces de campagne à son parc ; non toutes de 4, mais de différens calibres. Le général Gribeauval composait les 120 pièces du parc, d'un cinquième de pièces de 12, d'un quart de 8, de moitié de 4, et d'un petit nombre d'obusiers ; je dis d'un petit nombre d'obusiers, parce que cette excellente arme n'était pas alors aussi connue qu'elle l'a été depuis. Parmi les pièces de 4, du parc, ce général en admit dans la suite un cinquième de 4, longues.

4. Une armée de 60 bataillons devait donc avoir, suivant ce système, 120 pièces de 4, courtes, attachées aux 60 bataillons ; 24 pièces de 12, au parc, pour les batteries de position ; trente de 8, pour *idem ;* et 60 de 4, aussi au parc, dont 12 de 4, longues, pour les positions ; et les 48 autres pour remplacer celles des bataillons qui pourraient être perdues ou mises hors de combat dans les affaires. Total, 234.

5. Les obusiers de six pouces faisaient le complément jus-

qu'à 240, et souvent allaient au-delà; mais sans proportion précise. Je n'ai, en effet, jamais trouvé dans les notes des équipages d'artillerie de campagne, que j'ai eues manuscrites du général Gribeauval, que les obusiers entrassent dans le nombre des bouches à feu qui devaient composer ces équipages, suivant un rapport constant.

6. Je ne parlerai pas des différentes proportions que d'autres officiers distingués dans l'arme de l'artillerie ont proposé de mettre entre les pièces de divers calibres dont ils croyaient devoir composer les mêmes équipages. Je dirai seulement qu'on reconnut enfin qu'une aussi grande quantité de pièces de campagne, dans les armées, ne pouvait que les surcharger et en ralentir les mouvemens.

7. De là, l'organisation de l'artillerie du 18 floréal an 3, qui réduisit le canon des demi-brigades à une pièce de 4 par bataillon. Le parc suivit la même réduction, puisqu'il ne devait avoir que le même nombre de pièces que les bataillons; non toutes de 4, comme je l'ai dit plus haut, mais de différens calibres, et dans les mêmes proportions que ci-dessus, avec cette différence, cependant, que, lorsque l'artillerie légère fut introduite dans nos armées, les pièces de 8 furent en plus grand nombre au parc que précédemment, et par conséquent dans un rapport différent.

8. Cette seconde organisation de l'artillerie de campagne surchargeait sans doute moins les armées que la précédente; mais en instituant l'une et l'autre, on avait également manqué le but de l'artillerie dans la guerre de campagne, en ce que, pour avoir voulu étendre, ou, pour mieux dire, diviser le feu de cette arme sur tout le front de bataille d'une armée, on l'avait morcelé, atténué, et souvent réduit à rien: les canons de campagne, ainsi répartis sur un grand front, et à des distances assez considérables, n'étant pour ainsi dire devenus que de plus gros fusils que ceux du soldat; ce qui était renoncer absolument aux grands effets de l'artillerie, qui n'avaient jamais été plus redoutables que lorsque cette arme avait agi par grandes masses; ou, ce qui est le même, par batteries de position.

9. Ainsi l'on abondonna tout-à-coup le système d'attacher des pièces de 4 aux bataillons (*a*). (*) Alors, dans les différentes armées, il fallut envoyer à chaque division marchant à l'ennemi, le nombre de bouches à feu de campagne qu'on crut proportionné à sa force; mais cela ne se fit nulle part dans un rapport déterminé, parce que ce rapport était précisément ce qu'il fallait chercher. Souvent même les bouches à feu ne restaient que momentanément attachées aux troupes avec lesquelles elles venaient de vaincre, parce que la plupart du temps on était obligé de les renvoyer au parc après les expéditions, faute de fourrages pour faire subsister les chevaux dans les divisions.

10. Ce tâtonnement dans l'organisation de l'artillerie de campagne eut lieu vers le commencement de l'an 2, époque à laquelle je passai de l'armée du Rhin à celle des Pyrénées occidentales, où je fus chargé, par le brave et sage Muller qui commandait alors cette armée, de défendre la position que j'avais cru devoir proposer, pour porter la droite de l'armée en avant d'Orogne, et repousser les Espagnols au-delà de la rivière de la Bidassa. Ce commandement momentané réunissant dans ma main les deux armes qui font les principales forces d'une armée, l'artillerie et l'infanterie, mon premier soin fut de chercher à les organiser l'une pour l'autre.

11. L'infanterie l'était, en tant qu'arme particulière, puisque les armées étaient composées de divisions, les divisions de demi-brigades, les demi-brigades de bataillons, etc.: la question se réduisait donc à déterminer, comme je l'ai dit plus haut, le nombre, les espèces et les calibres des bouches à feu dont il fallait composer les divisions d'artillerie à pied ou à cheval qu'il convenait d'attacher aux divisions d'armées, prises isolément, parce qu'alors le nombre des divisions d'une armée étant connu, celui des bouches à feu qui devaient lui être attachées, l'était aussi.

(*) Toutes les notes sont à la fin du Mémoire.

12. Le général Gribeauval avait formé les divisions d'artillerie à pied, de 8 bouches à feu ; je ne les composerai que de 6, pour les rendre plus maniables ; par la raison que les armées n'étant plus organisées par grandes masses, comme elles l'avaient été du temps de ce général, mais par divisions susceptibles d'agir seules, et de former de petites armées, il fallait que l'artillerie qui devait être attachée à ces divisions, leur fût proportionnée et mobile comme elles (*b*).

13. Je ne composai pas non plus les divisions d'artillerie de campagne de bouches à feu semblables. Cette disposition pouvait convenir dans les plaines de la Flandre, et dans certaines parties de l'Allemagne ; mais aux Pyrénées, et en général dans tous les pays montueux ou coupés, je crus qu'il était plus conforme à l'effet qu'on doit attendre de l'artillerie de campagne, de composer les divisions de cette arme, de bouches à feu de différentes espèces et de différens calibres, pour donner aux généraux le choix des armes les plus propres à leurs opérations et à la nature du terrain.

14. Ainsi aux Pyrénées occidentales, par exemple, à la célèbre journée du 17 pluviôse, an 2, où j'eus le bonheur de battre plus de 17,000 espagnols avec moins de 5,000 hommes, je composai la division de 6 bouches à feu de campagne, que j'attachai aux troupes que je portai en avant de la redoute dite des Sans-Culottes (*c*), de 2 pièces de 12, 2 de 4, et 2 obusiers de six pouces, afin d'avoir des calibres qui convînssent aux mouvemens à faire sur des terrains que je savais n'être pas les mêmes.

15. A cette époque il n'existait point encore d'artillerie à cheval à l'armée des Pyrénées occidentales ; il en arriva peu de mois après, j'en attachai une division servant 4 pièces de 8 et 2 obusiers de six pouces, suivant son institution, aux troupes que le général Frégeville commanda au fameux passage de la Bidassoa, le 13 thermidor, même année ; j'y joignis ensuite une division de 6 bouches à feu d'artillerie à pied, composée comme au 17 pluviôse, dont il tira si grand parti à l'attaque de Toloza, et après avoir franchi les gorges de l'Escombéry.

16. Mais j'avoue, qu'en général, je ne pus en Espagne que très-rarement employer les divisions d'artillerie à pied et celles à cheval, comme je le fis en cette dernière occasion, parce qu'à cette armée, l'artillerie, comme je l'ai déjà dit, manqua presque toujours de chevaux. Ce ne fut qu'à l'armée d'Italie que l'organisation des divisions d'artillerie, relativement à la force des troupes auxquelles ces divisions devaient être attachées, fut assujettie à des règles consantes, et que je pus mettre à exécution avec vous, citoyen Général, ce que j'avais à peine ébauché, et peut-être même seulement entrevu aux Pyrénées occidentales.

Mais aussi quel avantage n'avais-je pas, travaillant avec un général aussi grand artilleur, que savant dans les différentes parties de la guerre, et prenant plaisir à les organiser toutes. Vos conversations sur les moindres opérations de l'artillerie étaient des traités précis sur le fond de l'art; et vos observations des traits de lumière.

17. Vous ne composâtes non plus les divisions d'artillerie que de 6 bouches à feu, comme celles à cheval.

18. Et comme il convenait que les généraux qui commandaient des divisions d'armée qui pouvaient être détachées, et par conséquent agir seules, eussent les deux artilleries à leur disposition, pour employer l'une ou l'autrearme, suivant les circonstances; vous attachâtes à chaque division d'environ 12,000 hommes, une division d'artillerie à pied et une à cheval, pour tout le temps de la guerre. Vous ne changeâtes rien à la composition des divisions d'artillerie à cheval, qui conservèrent leurs quatre pièces de 8 et deux obusiers de 6 pouces; et vous donnâtes également à celles à pied, deux pièces de 12, deux de 4, et deux obusiers de 6 pouces.

19. Mais bientôt votre armée fit des progrès si rapides, que nous ne faisions plus la guerre à nos ennemis qu'avec leurs propres armes : alors nos divisions d'artillerie à pied avaient deux pièces de 11, deux de 5, et deux obusiers de 5 pouces 6 lignes; et celles à cheval, quatre pièces de 5, et deux obusiers de 5 pouces 6 lignes. Je cite ces détails pour faire remarquer que vos formations d'artillerie étaient

toujours dans les mêmes rapports, puisque ce sont les calibres des pièces qui établissent ces rapports.

20. Les divisions qui faisaient la guerre dans les montagnes, avaient une artillerie assortie à la nature du terrain.

21. Toute armée a des réserves de cavalerie. Vous attachâtes à chacune de celles de votre armée, une division d'artillerie légère proprement dite ; je dis légère, parce que ces divisions, devant suivre les mouvemens de la cavalerie, vous crûtes devoir les armer des calibres les plus légers, leur donnant quatre pièces de 4, au lieu de quatre de 8, et deux obusiers de 6 pouces ; ou bien quatre pièces de 5, et deux obusiers de 5 pouces 6 lignes, ennemis.

22. Les divisions d'artillerie à cheval qui devaient marcher avec l'infanterie, conservèrent leurs pièces de 8, etc.

23. Les bouches à feu des divisions d'infanterie et des réserves de cavalerie, avaient leurs remplacemens au parc, et le parc, le sien dans les dépôts en arrière, afin que les pièces combattantes pussent toujours être remplacées deux fois, dans le cas où elles seraient prises, ou mises hors de service dans les combats. Mêmes dispositions pour les approvisionnemens.

24. Ainsi à votre armée, toute division d'infanterie avait, à proprement parler, une triple artillerie : celle combattante avec les troupes; celle au parc destinée à remplacer celle des divisions, et celle des dépôts en arrière, pour remplacer celle du parc. Une division d'armée avait aussi son parc particulier, qui tirait ses approvisionnemens du grand ; ses officiers d'artillerie, de génie, ses ouvriers, son garde de parc, ses commissaires. Les moyens des autres armes, dont elle était composée, étaient également combinés et prévus. En tout, une division était un corps organisé comme l'armée entière dont elle faisait partie ; ou pour mieux dire, c'était une petite armée pourvue de tout comme la grande, et pouvant agir seule.

25. Telle était, en général, l'organisation *artillerie-infanterie* ou *infanterie-artillerie* de l'armée d'Italie ; organisation simple, précise, et sur laquelle je vais maintenant baser celle de l'artillerie de nos armées.

Bases d'organisation du matériel de l'arme de l'artillerie.

26. Nos armées étant composées de divisions d'infanterie, et de réserves de cavalerie, ce sera par ces parties composantes des armées, que j'organiserai leur artillerie, parce que c'est par les élémens des corps, qu'on les organise.

27. Les divisions d'artillerie à pied seront de six bouches à feu, et celles d'artillerie à cheval aussi de six bouches à feu.

Artillerie d'une division d'infanterie.

28. Une division d'infanterie, ou d'armée, sera de 12,000 hommes, y compris un régiment de dragons et un de hussards ou chasseurs à cheval (*d*).

29. Dans tout armée, l'artillerie entretiendra pour chaque division de 12,000 hommes, 36 bouches à feu de campagne, non toutes marchant avec la division, mais disposées comme il suit :

1°. Douze bouches à feu suivant la division, et faisant corps avec elle : ces douze bouches à feu, formant deux divisions d'artillerie distinctes, l'une de six bouches à feu, à pied, et l'autre de six bouches à feu, à cheval, des espèces et calibres qui conviendront à la nature du terrain (*e*).

2°. Douze autres bouches à feu au parc, aussi composées de six à pied, et six à cheval, attelées et organisées comme celles de la division, et prêtes à les remplacer ou à les doubler au besoin.

3°. Enfin, douze autres bouches à feu, dont six également à pied, et six à cheval, dans les dépôts mobiles en arrière du parc (*f*), aussi attelées et organisées comme les précédentes, et prêtes à les remplacer.

30. Ces 36 bouches à feu, en quelqu'endroit qu'on les suppose, c'est-à-dire, soit qu'elles combattent avec la division, soit qu'elles soient au parc, prêtes à marcher, ou

enfin dans les dépôts en arrière du parc, auront toutes leurs approvisionnemens au complet en caissons, attelés et prêts à suivre les pièces.

31. 36 bouches à feu pour 12,000 hommes, disposées comme je viens de le dire, donnent 3 pièces par 1,000 hommes, dont une se bat avec les 1,000 hommes, une autre est au parc, prête à remplacer la première, ou à se doubler avec elle, et la troisième dans les dépôts en arrière, également prête à remplacer la seconde.

Voilà, en deux mots, comme je propose d'organiser l'artillerie pour les troupes et les troupes pour elle; comme en Italie, dans le rapport d'un canon se battant par 1,000 fusils, sontenu par deux autres prêts à le remplacer ou le renforcer au besoin. Si cette disposition n'a pas toujours eu lieu à votre armée, citoyen général, ça été, vous le savez, parce qu'on n'a que trop souvent laissé manquer votre artillerie de chevaux. Mais l'organisation de cette arme n'en existait pas moins en principe; et vous avez vu avec quelle promptitude elle a été exécutée à mesure que vous en avez conquis les moyens. Je dis conquis; car quelles ressources avez-vous tiré de la France, puisqu'au contraire, vous l'avez aidée? Or, quelle position plus cruelle, que celle d'être obligé de tout prévoir, tout vaincre, tout créer; enfin, de secourir, lorsqu'on devrait l'être.

32. Une armée de 48,000 hommes d'infanterie, ou ce qui est de même, de quatre divisions de cette arme, organisées suivant le systéme que je viens d'énoncer, aurait donc 144 bouches à feu de campagne, dont 48 formant le premier tiers, se battraient avec les 48,000 hommes, à raison *d'un canon par* 1,000 *fusils*; 48 autres ou le second tiers seraient au parc, prêts à remplacer les premières, ou à se doubler avec elles; et les 48 dernières ou le dernier tiers, attendraient, dans les dépôts en arrière, les ordres du parc.

33. On voit par ces dispositions:

1°. Que dans une armée organisée comme je viens de le dire, il suffit d'un petit nombre de pièces qui se battent, puisqu'elles peuvent être remplacées deux fois.

2°. Que, dans le même système, la perte qu'une armée pourrait éprouver en artillerie, est toujours bornée; puisque, dans l'affaire la plus malheureuse, elle ne pourrait perdre que le tiers de son canon, c'est-à-dire, celui combattant avec les divisions, lequel serait bientôt remplacé par le parc, et celui du parc par les dépôts en arrière.

34. D'ailleurs, par cette organisation, dans laquelle j'ai moins pour objet d'économiser l'artillerie, que de la manœuvrer aisément; je ne donne pas à une armée aussi peu de canon, que le premier aperçu de mon système le fait peut-être imaginer; puisqu'en arrière de celui qui se bat, j'en ai toujours le double pour le soutenir. Si j'en montre peu à l'ennemi, celui qui repose n'est pas moins à craindre pour lui, puisqu'il offre à l'artillerie combattante des ressources d'autant plus abondantes et plus sûres, qu'elles sont organisées.

Je reviens à l'artillerie d'une division, ou élément d'armée.

35. Lorsqu'une division de douze mille hommes fera la guerre dans les montagnes, elle n'aura point d'artillerie à cheval, mais le double d'artillerie à pied. Ainsi, au lieu d'affecter à la division du général Joubert, qui occupait le Tirol, six bouches à feu à pied, et six à cheval, marchant avec elles; vous lui donnâtes, citoyen général, douze bouches à feu à pied. La division du général Delmas, qui n'était que de six mille hommes, également dans les montagnes, n'avait pas non plus d'artillerie à cheval, mais six bouches à feu à pied. Ces divisions avaient, comme les autres de l'armée, leurs remplacemens au parc, et le parc le sien dans les depôts en arrière; ce qui donnait 36 bouches à feu pour les 12,000 hommes du général Joubert; 18 pour les 6,000 du général Delmas; et pour l'une et l'autre division, trois pièces par 1,000 hommes, dans le rapport d'un canon combattant par 1,000 fusils, et deux autres en arrière pour le soutenir; l'un au parc, et l'autre dans les dépôts.

36. Lorsque les montagnes étaient impraticables à l'artillerie de campagne des calibres ordinaires, vous donniez aux troupes qui franchissaient ces pays, que d'autres que des Français n'auraient pu escalader, des pièces dites de mon-

tagne, d'un calibre plus léger, et portées à dos de mulets; mais la marche de votre armée fut toujours si rapide, et la baïonnette si prompte à devancer toute autre arme, qu'il me fut impossible, au milieu de tant de mouvemens, d'organiser ces équipages d'artillerie de montagne comme je l'aurais voulu.

36. Aujourd'hui, je composerais les 36 bouches à feu d'une division de 12,000 hommes, obligée de marcher dans des pays semblables à ceux dont il est ici question, de vingt-quatre pièces de trois piémontaises, de longueur moyenne (*g*), et douze obusiers de 5 pouces 6 lignes autrichiens (*h*) : ce qui donnerait huit pièces de 3, et quatre obusiers de 5 pouces 6 lignes, marchant avec la division, autant au parc, et autant dans les dépôts en arrière : total 36 pièces, comme ci-dessus, pour 12,000 hommes.

37. Ces 36 bouches à feu de montagne, soit qu'elles marchassent avec les 12,000 hommes, soit qu'elles fussent au parc, ou enfin dans les dépôts, seraient organisées par sections, dont chacune serait de deux bouches à feu semblables, c'est-à-dire, de deux pièces de 3, ou de deux obusiers de 5 pouces 6 lignes, afin de pouvoir être plus facilement détachées avec les troupes de la division, qui seraient réparties dans les montagnes en raison des opérations à faire, et des localités.

38. Ainsi l'artillerie de montagne, attachée à une division de douze mille hommes, serait composée de dix-huit sections de deux bouches à feu chacune, dont six sections marcheraient avec les troupes; six seraient au parc, et six attendraient dans les dépôts les ordres du parc. Par la même raison, si la division n'était que de 6,000 hommes, elle n'aurait que neuf sections de bouches à feu de campagne, dont trois marcheraient avec elle, trois seraient au parc, et trois dans les dépôts; ce qui donnerait dans les deux suppositions, c'est-à-dire pour les 12, comme pour les 6,000 hommes, 3 canons par 1,000 hommes, disposés par échelons; ou, ce qui est le même, en arrière les uns des autres, et prêts à se remplacer successivement, conformément au principe. (Art. 31.)

Artillerie d'une réserve de cavalerie.

39. J'ai supposé que dans une armée, chaque division d'infanterie était de 12,000 hommes. Je demande à présent que, dans la même armée, chaque réserve de cavalerie soit de 6,000 hommes, et qu'il y ait deux divisions d'infanterie contre une réserve de cavalerie. On aura, dans cette hypothèse, 24,000 hommes d'infanterie contre 6,000 de cavalerie; ou, ce qui est le même, $\frac{4}{5}$ d'infanterie contre $\frac{1}{5}$ de cavalerie, par la raison que 30,000 hommes, force totale de deux divisions d'infanterie et d'une réserve de cavalerie, sont à 6,000 de cavalerie, comme 5 est à 1. C'est la proportion que le gouvernement est convenu d'établir dans nos armées, entre l'infanterie et la cavalerie, toutes choses égales d'ailleurs, par rapport à la nature du terrain (*i*); et ce sera aussi le rapport que je mettrai entre ces deux armes dans le cours de ce Mémoire.

40. Je donnerai à la réserve de cavalerie, supposée de 6,000 hommes, 18 bouches à feu du calibre le plus léger; savoir, quatre pièces de 4, et deux obusiers de 6 pouces, marchant avec les 6,000 hommes, ainsi que vous l'avez fait, citoyen Général; autant au parc pour les mêmes 6,000 hommes; autant dans les dépôts en arrière du parc. Total, 18 bouches à feu; ce qui donnera pour la cavalerie, comme pour l'infanterie, trois pièces par 1,000 hommes, dont une combattant avec les 1,000 hommes, et les deux autres placées, comme il est dit ci-dessus, pour la soutenir.

Nombre de bouches à feu nécessaires pour toutes nos armées.

41. Ce n'est pas sur l'état de paix, mais sur celui de guerre, qu'on doit calculer le nombre de bouches à feu nécessaires pour nos armées, parce qu'on doit toujours être prêt à entrer en campagne.

41. La France, sans avoir à lutter contre toutes les puissances, mais dans l'état de guerre ordinaire, ne peut entretenir

moins

moins de 360,000 hommes (*k*), sans y comprendre les troupes de l'artillerie; ce qui donnera, suivant la proportion ci-dessus, 288,000 hommes d'infanterie, et 72,000 de cavalerie; ou, ce qui est le même, 24 divisions d'infanterie et 12 réserves de cavalerie (art. 28 et 39), à raison de $\frac{4}{5}$ d'infanterie contre $\frac{1}{5}$ de cavalerie.

43. Toutes nos armées auront donc ensemble 1,080 bouches à feu de campagne, à raison de trois par 1,000 hommes. (Art. 31). L'état n.o 1 (*) donne le détail de ces 1,080 bouches à feu par espèces, calibres et emplacemens.

44. On voit que, dans ce tableau, j'ai formé les divisions d'artillerie suivant ma composition italique, pour partir d'une donnée

45. Cette formation, sanctionnée par le succès, donnera des calculs tout faits pour les équipages d'artillerie des armées d'Italie, et en général pour toutes celles qui auront à faire la guerre dans des pays montueux et coupés : mais je prie de nouveau le lecteur de se ressouvenir que je ne tiens qu'au nombre de six bouches à feu pour chaque division d'artillerie, soit à pied, soit à cheval (art. 12, 15, 17, et note *e*), laissant d'ailleurs aux généraux toute liberté sur le choix des calibres des pièces qu'ils croiront devoir employer, en raison des localités.

46. Je tiens aussi à la triple artillerie exigée (art. 24) pour chaque division d'armée; c'est-à-dire, que le choix des calibres des bouches à feu qui conviendront à une division de 12,000 hommes, à raison de la nature du terrain, étant fait, il devra y avoir au parc le même nombre de bouches à feu des mêmes espèces et calibres, pour remplacer celles de la division, et autant dans les dépôts en arrière, pour remplacer celles du parc. Si, en Italie, comme je l'ai dit à l'art. 31, ces moyens successifs de remplacer ou de renforcer l'artillerie combattante n'ont pas toujours existé; j'en ai dit les raisons. Le gouvernement d'alors pouvait-il ignorer que nulle armée ne peut avoir de succès sans artillerie, et qu'il n'est point

(*) Les états sont à la fin des notes.

d'artillerie sans chevaux. Il a fallu vos victoires, citoyen Général, pour donner à votre artillerie l'essor qu'elle a pris : mais que n'eussiez-vous pas fait, si, lorsque vous marchiez sur Vienne, vous eussiez eu l'artillerie formidable qui n'a pu être organisée complétement, qu'au moment où l'ennemi vous a demandé la paix. On accuse souvent les généraux de n'avoir pas tiré de leurs victoires tout l'avantage qu'elles semblaient leur promettre ; mais on ne veut pas convenir qu'on ne leur en a pas donné les moyens.

Parcs d'artillerie.

47. Chaque division d'infanterie, ou d'armée, aura son parc particulier, indépendant de celui de l'armée, et chaque réserve de cavalerie le sien L'état n.° 2 est le tableau du parc d'une division d'infanterie ; l'état n.° 3, celui d'une réserve de cavalerie ; et l'état n.° 4, celui d'une division faisant la guerre dans les montagnes (*l*).

48. Le parc général alimentera tous ces parcs particuliers, et sera placé par rapport à l'armée qu'il approvisionnera, et aux dépôts en arrière, d'où il tirera lui-même ses approvisionnemens, comme il sera dit ci-après.

Dépôts en arrière du parc.

49. Dans les grandes armées, les dépôts en arrière du parc doivent être disposés par échelons, le dernier s'appuyant sur un arsenal; ou, s'il ne s'en trouve pas à portée, sur un atelier de fabrication qu'on établit exprès, pour fournir de proche en proche tous les remplacemens d'artillerie nécessaires aux troupes agissantes.

50. Aux Pyrénées occidentales, j'étendais jusqu'à Bayonne les dépôts en arrière du parc, qui devaient de l'un à l'autre approvisionner d'artillerie la droite, la gauche et le centre de l'armée.

51. A l'armée d'Italie, je m'étais d'abord appuyé sur Milan, puis sur Mantoue, et ensuite sur Vérone, Vicence, etc. ;

bientôt après sur Venise, et enfin sur Palma-Nova, Klaghenfurth, etc., à mesure que nous avancions, conservant toujours, autant que cela se pouvait, des approvisionnemens, des pièces et des attelages, aux points mêmes les plus en arrière. Les chevaux et les voitures du pays me servaient à soutenir ces communications reculées, lorsque les moyens de transport de l'artillerie ne pouvaient y suffire.

52. Ces communications d'une armée avec ses magasins premiers, sont d'autant plus nécessaires, que, dans le cas où l'on aurait perdu plusieurs affaires de suite qui auraient épuisé le parc et ses dépôts, l'armée aurait encore pour ressource l'artillerie et les approvisionnemens de ses derrières, avec lesquels elle aurait entretenu des rapports.

53. Ceci vient à l'appui de ce que j'ai dit à l'art. 33, que, dans une armée, il suffisait d'un petit nombre de pièces combattantes; puisqu'en supposant qu'on eût un désavantage complet, et que l'armée perdît tout le possible en artillerie, c'est-à-dire toute celle aux prises avec l'ennemi (ce qui ne serait jamais, pour chaque division, que le tiers de ses 36 pièces), on trouverait bientôt à remplacer cette perte, et au-delà, dans les dépôts successifs qu'on aurait su se ménager jusqu'à la frontière.

54. D'ailleurs le désastre fût-il si grand, qu'il contraignît à une retraite, le parc et les premiers dépôts suivraient, puisque je les suppose attelés; en sorte qu'on serait presque aussitôt en état de reparaître.

55. C'est ce qui vous est arrivé, citoyen Général, après la levée du siége de Mantoue, où, ayant feint de rétrograder, pour mieux recueillir vos troupes et votre parc, qui s'étaient retirés à temps, voûs revîntes sur l'ennemi avec tant d'ordre et d'impétuosité, que vous le défîtes entièrement dans les deux célèbres journées des 16 et 18 thermidor an 5. Votre artillerie, qui avait suivi, sut bien alors vous retrouver dans les plaines de Castiglione.

56. Il ne faut donc pas avoir son parc trop loin de soi, si l'on veut pouvoir le rallier en arrière avec autant d'avantage.

57. Il ne faut pas non plus qu'il soit trop près; on le tiendra à une journée et demie au plus, ayant l'attention d'avoir quelques attelages intermédiaires, afin de pouvoir se procurer promptement de quoi remplacer une perte accidentelle.

58. Mais un grand moyen à employer pour les mouvemens extraordinaires de l'artillerie, c'est d'avoir un dixième de chevaux haut-le-pied, non-seulement au parc, mais encore dans les dépôts en arrière, pour les atteler, au besoin, aux voitures du pays, et déplacer, en un clin-d'œil, le parc et ses dépôts, suivant les chances de la guerre.

59. On doit aussi savoir faire usage de la poste dans les occasions décisives. Qu'on ne dise pas que ces dépenses sont ruineuses : l'argent n'est rien, à la guerre, quand on bat les ennemis. Aussi combien de fois, en Italie, n'avons-nous pas avant, ou après une victoire, fait passer avec une rapidité extrême, des pièces de tous les calibres et des convois entiers d'artillerie, à des distances qui ont étonné nos ennemis ? A Arcole, les cartouches d'infanterie, les canons et leurs approvisionnemens, m'arrivaient en poste de Vérone et de plus loin. Comment nos ennemis auraient-ils tenu contre une armée dont les troupes et l'artillerie volaient après eux ? Ils étaient toujours battus par la frayeur. De là, les progrès si rapides de la grande armée; et, je l'avoue, le plaisir indicible d'en avoir commandé l'artillerie. Nous avions toujours moins de canon que les Autrichiens ; aussi le leur, toujours trop nombreux, marchait-il avec peine, et nous le prenions ; tandis que le nôtre, franchissant les montagnes, tonnait sur leurs têtes, lorsqu'ils se croyaient en sûreté par la distance que leur fuite avait mise entre eux et nous. Ils ignoraient que la supériorité d'une artillerie sur une autre n'est ni dans le nombre, ni dans les calibres de ses bouches à feu, mais dans les ailes qu'elle sait emprunter de la victoire. Ils en ont fait la funeste expérience dans les deux batailles successives de Rivoli et de S. Georges, où les mêmes troupes et la même artillerie leur ont détruit deux armées différentes, à un jour d'intervalle seulement, et à des distances où il semblait que nous ne dussions pas les atteindre.

60. Vous voyez maintenant quelle intention j'ai eue, citoyen Général, en citant ces marches rapides de l'armée d'Italie. La victoire est pour les armées manœuvrières. Pourquoi donc les appesantir d'artillerie ? pourquoi appesantir l'artillerie elle-même ? De là mon système d'économiser les moyens (si chers !) de cette arme : non que je prétende qu'il faille peu de canon dans les armées, puisqu'il est au contraire malheureusement démontré que, par-tout, il en faut toujours trop pour en avoir assez. Je veux seulement observer qu'il en faut peu à-la-fois combattant avec les troupes, jamais l'avantage d'une artillerie trop nombreuse n'étant comparable à l'embarras qu'elle donne, et aux risques qu'elle fait courir. Nous n'avions même pas dans les deux célèbres journées dont je viens de parler, un canon combattant par 1,000 fusils, comme je l'exige dans les dispositions ordinaires : mais la surprise de nos ennemis fut le complément de ce qui nous manquait d'artillerie. Je reviens à mon système.

61. Quoiqu'il faille pour certaines expéditions, marcher avec peu de canon, comme dans les occasions ci-dessus, néanmoins il est aisé de voir que ces dispositions passagères ne peuvent servir de règles, et que, dans le cours de la guerre, l'artillerie doit être assujettie à une organisation constante. Je demande seulement que cette organisation soit elle-même soumise aux principes que je viens d'établir, et que je vais résumer :

1°. De ne donner aux divisions qu'assez de canon pour battre l'ennemi, afin de ne pas embarrasser les troupes des attirails de l'arme qui doit les défendre, et non les gêner.

2°. D'entretenir assez d'autre canon dans l'armée, pour remplacer ou renforcer, au besoin, l'artillerie combattante ;

3°. D'organiser celle qui marche avec les troupes, celle du parc, et celle des depôts, de manière que les secours à porter en avant, y arrivent vîte et sans confusion, et que le même ordre existe, si l'on est obligé de se replier sur ses dépôts.

62. Je crois avoir donné les moyens de remplir ce triple objet, par les douze bouches à feu qui marchent avec chaque division, et font corps avec elle ; par les douze du parc, qui

sont attelées et approvisonnées comme les premières ; et enfin, par les douze des dépôts, qui ne diffèrent de celles du parc, que parce qu'elles sont disposées par échelons pour mieux assurer le service ; ajoutez celles qui sont encore en arrière de ces dèpôts, et qui correspondent jusqu'à la frontière. (Art. 53.)

63. J'avais l'honneur de vous dire, citoyen Général, lorsque j'étais parvenu à organiser l'artillerie des divisions de votre armée, suivant ce système, que vous aviez approuvé : sans doute vous n'aurez qu'un canon combattant à la fois, par mille hommes ; mais je suis en état de le remplacer deux fois ; et vous pourriez perdre deux batailles, même trois, sans être désarmé ni désaprovisionné. Vous n'en avez jamais perdu, et l'Italie a mille fois retenti du bruit de vos exploits et des éloges que vous avez donné à votre artillerie. Si ce n'est pas une preuve de la supériorité du système d'organisation de cette arme, que tant de succès semblent avoir justifié, c'est au moins un grand préjugé en sa faveur.

Approvisionnemens.

64. Les trente-six bouches à feu de campagne destinées pour chaque division d'armée, dont douze marcheront avec elle, douze seront au parc, et les douze autres dans les dépôts en arrière du parc, auront toutes, comme je l'ai dit plus haut, leurs approvisionnemens complets en caissons attelés, ainsi que le présente le tableau du parc d'une division de 12,000 hommes. (Etat prescité, n.° 2).

65. Quant à l'approvisionnement en cartouches d'infanterie de la même division, il sera composé :

1°. D'un approvisionnement complet de 50 cartouches dans la giberne du soldat ;

2°. D'un demi approvisionnement en dix-huit caissons attelés, marchant avec la division. (Voyez encore le tableau du parc. (Etat n.° 2).

3°. D'un autre demi approvisionnoment, aussi en dix-huit caissons attelés, au parc général, pour la même division d'armée.

4°. Enfin d'un troisième demi approvisionnement, également en dix-huit caissons attelés, dans les dépôts en arrière du parc, également pour les mêmes 12,000 hommes.

66. Outre ces approvisionnemens à canon et d'infanterie, en caissons attelés, il y aura encore, pour chaque division de 12,000 hommes, un demi approvisionnement à canon et d'infanterie, au grand parc, non en caissons attelés, mais en caisses portatives à dos de mulets, continuellement en marche, du parc aux divisions.

67. Ces demi approvisionnemens en caisses portatives, seront coninuellement remplacés au parc, par les dépôts en arrière, et par les mêmes moyens, c'est-à-dire par des mulets de bât, qu'on entretiendra exprès dans ces dépôts, ou par ceux du parc qui viendront à leur rencontre, ou enfin, par les mulets et chevaux du pays, et la poste dans le cas d'urgence.

68. Mêmes observations pour les approvisionnemens des réserves de cavalerie. Les dix-huit bouches à feu destinées à chacune d'elles (art. 59), auront chacune un approvisionnement en caissons attelés, et, en outre, un demi approvisionnement en caisses, lesquelles seront portées du parc aux réserves de cavalerie, et des dépôts au parc, à mesure des besoins, non à dos de mulets, comme pour les divisions d'infanterie, mais par des voitures attelées de chevaux pour plus de célérité, et par la poste, lorsque les circonstances l'exigeront.

69. Ce qui me détermine à proposer des demi approvisionnemens continuellement en mouvement, du parc aux différens corps de troupes en avant, et des dépôts au parc pour les remplacer; c'est qu'il est d'expérience qu'une armée consomme ordinairement la moitié de ses approvisionnemens dans les affaires, laquelle se trouvera remplacée à mesure, par les transports sans interruption que je propose.

70. Par ces moyens, les consommations journalières de l'armée, en munitions, soit à canon, soit d'infanterie, seront

toujours, pour ainsi dire, au complet : les caissons attelés aux divisions, au parc et aux dépôts, resteront toujours intacts, et l'on n'y aura recours que dans les cas extraordinaires, comme nous l'observions en Italie.

USAGE DE L'ARTILLERIE

Dans la guerre de campagne.

71. La pièce de 4, par bataillon, affectée aux demi-brigades de bataille, par la loi du 18 floréal an 3, sera supprimée, et il n'y aura d'artillerie de campagne dans les armées, que celle attachée aux divisions d'infanterie, aux réserves de cavalerie, aux parcs et aux dépôts, suivant le mode d'organisation établi ci-dessus.

72. L'artillerie attachée aux divisions d'armée, et marchant avec elles, sera détachée de ces divisions, lors des affaires, pour être mise en position, aux points qui auront été déterminés par le général en chef; et jamais ces pièces ne seront employées en ligne sur le front des troupes, ou dans leurs intervalles, comme on l'a fait, lors de l'institution des pièces dites de batailles; étant reconnu que ces pièces en lignes, ne produisent qu'un effet médiocre, comparé à celui des batteries de position, et que d'ailleurs, elles gênent les mouvemens des armées.

73. Voulez-vous en effet empêcher les troupes de manœuvrer, embarrassez-les d'artillerie; car alors elles ne pourront se mouvoir, ou si elles le font, la ligne se désunira bientôt, par la raison que le terrain n'étant pas par-tout le même, l'artillerie ne pourra marcher à la même hauteur sur tout le front de l'armée; ce qui obligera les troupes qui voudront avoir leur canon avec elles, de ralentir leur marche : Et alors quel avantage un ennemi qui aura su se débarrasser de son canon, pour le mettre en position, n'aura-t-il pas contre une ligne obstruée en certains endroits, par les pièces que la difficulté des chemins aura retenues en arrière, rompue en

d'autres, par la marche inégale et nécessairement irrégulière de ses différentes parties, et en désordre presque par-tout par les efforts partiels et dénués d'ensemble que feront les demi-brigades pour regagner le terrain qu'elles auront perdu ? Qu'une ligne d'infanterie libre de canon sur son front, et ne devant en avoir que pour être soutenue par de bonnes batteries de position, conserve bien mieux son ordre de bataille!

74. Je n'ai rien vu de plus imposant que le front de l'armée d'Italie, poussant les Autrichiens devant elle, le 18 fructidor an 5, sans canon sur son front, comme je demande que nos troupes soient toujours ; mais ayant à sa gauche 12 pièces d'artillerie à pied sur les hauteurs, en avant de Castiglione, et à sa droite qui s'étendait dans la plaine, 20 d'artillerie légère. L'armée, soutenue par ces deux batteries lattérales, s'avança en silence sans rompre sa ligne, sans tirer un seul coup de fusil, et faisant tout fuir devant elle.

Telle, et plus formidable encore, l'armée d'Italie passa le Tagliamente, le 26 nivôse an 6, aussi sans canon sur son front ; mais non sans baïonnettes.

Le général Dommartin avait 12 bouches à feu, tant à pied qu'à cheval à la gauche, j'en avais autant à la droite, toutes devant être mises en position après le passage.

Une armée moins nombreuse; une seule division s'exerçant en pleine paix, sur un terrain uni, n'eût pas mieux conservé son ordre de bataille; malgré la rapidité des courans, la profondeur des eaux, et la multitude des îles et des bancs de sables qu'il fallut traverser.

Mais le plus grand, le plus beau spectacle, fut le développement de l'armée sur le bord ennemi. Débarrassée, comme je viens de le dire, de son canon, qui, déjà en position, tonnait sur ses ailes, elle fut par-tout victorieuse, et pour ainsi dire, sans effort. La nuit favorisant la fuite de l'ennemi, vous déroba le prince Charles et son armée, etc.

75. Voilà donc, citoyen Général, deux grandes occasions où l'armée d'Italie, absolument sans canon sur son front, ou

dans ses intervalles, l'a mis en position sur ses ailes. Dans d'autres circonstances, vous l'avez tout placé sur la droite, ou tout sur la gauche, suivant le terrain et les dispositions de l'ennemi.

76. Dans tous les cas, vous partagiez toujours votre artillerie en plusieurs batteries de position, avec l'attention de lui faire occuper différens points dans le cours d'une affaire, pour diviser le feu de l'ennemi.

77. Rarement vous placiez votre artillerie au centre de votre front de bataille, parce que ces sortes de batteries gênent toujours les manœuvres des troupes, et attirent du feu sur elles, l'ennemi n'ayant que les mêmes dispositions à faire pour tirer sur les troupes et sur l'artillerie : ce qui n'arrive pas, lorsque les batteries qu'on lui donne à combattre, sont lattérales. Ces dernières sont celles qui lui font le plus de mal, parce qu'elles le prennent d'écharpe.

78. Les batteries de position, devant le centre d'une armée, ne conviennent que lorsque le front de bataille est trop étendu, pour que les batteries de position de la droite et de la gauche, puissent croiser leurs feux; alors le front de l'armée doit se partager en deux lignes, dont celle de droite appuie sa gauche, et celle de gauche sa droite, à la batterie du centre.

Je ne donnerai pas d'autres exemples de vos dispositions d'artillerie dans la guerre de campagne, parce que ceux-ci suffisent pour faire voir combien vous étiez peu partisan des pièces attachées aux bataillons.

79. La veille, ou au moment d'une bataille, vous m'ordonniez, comme je l'ai indiqué plus haut, de retirer le canon de toutes les divisions, et de le mettre aux positions que nous avions déterminées dans nos reconnaissances.

80. Et non-seulement vous suiviez toujours cette règle dans les affaires générales, mais jamais division détachée de votre armée, et agissant seule comme petite armée; jamais demi-brigade, aussi détachée, et marchant avec du canon; jamais enfin, un ou deux bataillons, ayant aussi quelques pièces, ne les employaient en ligne sur leur front de bataille ou dans

leurs intervalles, mais toujours en position, avec l'attention de placer ces pièces à une distance convenable des flancs des troupes, pour ne pas gêner leurs mouvemens. Il est bien entendu que ces batteries étaient soutenues.

81. Je sais que les défenseurs des pièces de bataillon pourraient dire que des pièces en ligne sur le front de l'armée, n'empêcheraient pas qu'on n'eût en outre des batteries de position. Oui; mais alors les troupes, comme je l'ai dit plus haut, ne pourront se mouvoir; ce qui est arrivé si souvent aux autrichiens. Nous les prenions par milliers en Italie, embarassés par le canon qui les avait empêché de manœuvrer.

82. Il ne faut donc pas que le canon tienne aux troupes pour les défendre. C'est en avant des armées que l'artillerie défend les armées : J'ajouterai qu'elle les rend inattaquables.

83. Une armée en bataille est un front de fortification, dont les batteries de position sont les bastions, et les troupes les courtines. C'est sous le feu protecteur de ces batteries, ou bastions imaginaires, que les troupes, libres de leurs mouvemens, comme je demande qu'elles le soient toujours, manœuvrent librement, et fondent tout-à-coup sur l'ennemi qui s'apperçoit trop tard que le canon qu'il a voulu garder sur son front, l'a empêché de se mouvoir, et de prévenir l'attaque sous laquelle il succombe.

84. Généraux d'armées, que vos troupes, ou ce qui est le même, les courtines de votre front de fortification idéale, soient toujours libres, c'est-à-dire, sans canon, afin que dans le combat, les lignes d'infanterie qui sont ces courtines, soient, s'il est permis de s'exprimer ainsi, souples, maniables, flexibles, et puissent se porter rapidement aux nouvelles positions que vous voudrez leur faire prendre.

85. Et vous, généraux d'artillerie, ayez si bien reconnu, avant un affaire, le terrain sur lequel l'armée doit combattre; qu'à mesure que les troupes ou courtines de votre front de fortification idéale, changeront de position, l'artillerie en change aussi, avec l'attention de lui choisir les points d'où, toutes choses égales d'ailleurs, elle pourra le mieux défendre

l'infanterie et présenter à l'ennemi le meilleur front d'attaque, ou de défense possible, par rapport aux deux armées et au terrain.

86. Ici l'on voit combien il est essentiel que l'infanterie soit débarrassée de canon, et le canon d'infanterie, puisque dans le feu du combat, ces deux armes, quoique complément l'une de l'autre, doivent toujours être assez isolées, pour que l'une ne gêne pas l'autre, et que toutes deux aient la facilité de se placer pour se soutenir réciproquement.

87. Otons donc, je le répète; ôtons à notre brave infanterie, tout canon de bataillon employé en ligne, puisqu'il ne peut être qu'une entrave à la victoire.

88. Des troupes libres, des baïonnettes, et des batteries de position bien placées, bien indépendantes; voilà les armées manoeuvrières, sur-tout les vôtres, citoyen Général, celles que tout tacticien aimera toujours à citer pour exemples. Jamais de canon sur les courtines de votre ordre de bataille; mais toujours tout en position, et tonnant par grandes masses. De là la confiance et l'intrépidité de vos troupes; car ce qui rassure le soldat et le rend entreprenant, c'est d'être soutenu par des batteries imposantes, soit sur les flancs de l'armée, soit dans des positions inattaquables, et non par un plus grand nombre de petites pièces disséminées sur un grand front de bandière.

89. J'ai cru devoir entrer dans ces détails, parce que, quoique nos armées aient généralement abandonné le système d'attacher des pièces de 4 aux bataillons, cela n'empêche pas que quelques officiers de l'armée, et de l'artillerie même, ne soient pas encore bien convaincus des inconvéniens d'employer, de cette manière, les pièces de ce calibre.

90. Le général d'Urthubie, dans le projet d'organisation de l'arme de l'artillerie que j'ai combattu l'hiver dernier au comité central de cette arme, dit : « Qu'il a divisé les compa-
» gnies d'artillerie à pied en 5 escouades, parce qu'ajoute-t-
« il, sur le pied de guerre, elles seront en état de fournir

» amplement au service d'une division ordinaire d'artillerie ; » et en même-temps à celui de deux pièces de bataillon, si » l'on croit utile de donner encore une pièce de canon à » chaque bataillon, lorsqu'il sera en ligne ».

91. L'auteur de l'*Aide-mémoire*, dans une note ajoutée à la seconde édition de son ouvrage, dit, en parlant du canon des demi-brigades : « Tout inutile qu'il paraisse, qui » sait si, par la suite, il ne faudra pas rendre une pièce à » chaque bataillon pour soutenir le moral du soldat, qui se » croira plus faible, s'il combat un ennemi qui marche tou- » jours avec son canon de bataillon » ?

Il est vrai que, depuis cette note, cet officier s'est bien prononcé contre le canon des demi-brigades ; mais comme son ouvrage existe, et qu'il est essentiel que l'opinion des militaires des différentes armes, et sur-tout des officiers d'artillerie, soit invariablement fixée sur le vrai usage de l'artillerie dans la guerre de campagne, j'ai pensé qu'il était nécessaire de discuter cette question à fond.

92. Votre armée d'Italie, citoyen Général, était si persuadée de l'inutilité et de l'embarras que les pièces de bataillon donnaient aux troupes, qu'on aurait beaucoup de peine aujourd'hui à la faire combattre avec ces pièces en ligne, aussi nulles par leurs effets, que paralysantes pour les troupes, dont elles rendent les manœuvres presque impossibles.

93. Fait-on attention, en effet, combien la lenteur des mouvemens d'une armée embarrassée de canon en ligne dans une action chaude, est opposée à l'impétuosité française, et peu rassurante pour le soldat, qu'elle expose à tomber entre les mains de ses ennemis ?

94. Lorsque, entraînés par l'exemple de nos voisins, et cédant au torrent de l'opinion, nous avons donné des pièces de 4 à nos bataillons, quel mal n'avons-nous pas fait à nos armées, d'accoutumer le soldat à ne se croire soutenu que lorsqu'il entendait le bruit de ces petites pièces près de lui, puisque du moment où il les perdait de vue, il ne voyait

plus de salut que dans la fuite. Il est si heureux que plusieurs de nos armées se soient elles-mêmes débarrassées de cette artillerie gênante, que, loin de mettre en doute si par la suite il ne faudra pas rendre une pièce à chaque bataillon, je crois que nous devons, au contraire, contribuer à faire abandonner absolument cette manière d'employer le canon de bataille : je puis citer deux armées qui n'en ont jamais fait usage avec les bataillons, celle des Pyrénées occidentales et celle d'Italie ; j'en ai pour témoins les généraux de ces deux armées, les officiers d'artillerie avec lesquels j'ai fait ces deux guerres mémorables, et l'immense quantité de canon, monumens de nos victoires, que nous avons enlevés à nos ennemis.

95. Voudrions-nous, après tant d'avantages remportés en employant l'artillerie, comme l'ont fait en Espagne, en Italie et en Allemagne, tant de généraux dont la république s'honore : Voudrions-nous, dis-je, moins sages que nos troupes elles-mêmes, embarrasser de nouveau nos bataillons des pièces qu'elles ont rejetées, au moins comme inutiles ? Laissons-les à nos ennemis que nous avons si souvent battus avec peu de canon, parce qu'ils en avaient trop. Laissons sur-tout aux Russes cette multitude de petits canons qui entravent leurs marches, et nous les feront incessamment prendre par colonnes entières, avec leurs parcs encore en file, leurs magasins, leurs approvisionnemens, etc. Puissent ces hommes passivement braves, et complétement inintelligens, se présenter à nous comme ils l'ont fait en Helvétie, croyant nous battre par une nombreuse artillerie qu'ils ne savent pas manier ; préférant la surabondance des moyens qui ne rassurent que l'inexpérience, aux choix de ceux qui décident la victoire ; prenant toujours, comme les Anglo-Turcs, dont vous avez jonché les plaines sanglantes de l'Egypte ; l'entêtement pour la bravoure, le nombre pour la force, et la complication des manœuvres pour la perfection de la tactique. Ainsi nous doublerons, nous centuplerons nos forces par l'ignorance de nos ennemis.

PIÈCES DE GROS CALIBRES

Pour quelques batteries de position.

96. Les batteries de position, dans la guerre de campagne, ne doivent pas toujours n'être formées que des bouches à feu des divisions. Il est des affaires majeures, des batailles décisives, où il faut aussi mettre en position quelques pièces de gros calibres; car c'est alors que le soldat qui entend tonner ces foudres sur les flancs de l'armée, est véritablement rassuré, et que, confiant dans sa baïonnette, comme dans le général qui le commande, il brûle de fondre sur l'ennemi, qui, embarrassé de petit canon, ne peut lui opposer que des feux d'exercice, s'il est permis de s'exprimer ainsi, au lieu de grands effets de l'artillerie.

97. Quelques pièces de gros calibres sont aussi utiles en campagne pour rompre des ponts, briser des obstacles et réduire promptement des forts ou postes qui, quoique peu importans, pourraient cependant arrêter une armée une ou deux fois vingt-quatre heures, ce qu'il faut toujours éviter.

98. A l'armée des Pyrénées occidentales, à la fameuse journée du 17 pluviôse, que j'ai précédemment citée, j'avais deux pièces de 16 au centre de mon ordre de bataille, deux de 18 à la droite, et trois de 18 et deux de 4, longues, à la gauche. Ces batteries rompirent les colonnes des Espagnols, et nous donnèrent la victoire.

Je ne ferai qu'une réflexion sur ces batteries de pièces de gros calibres qui ont si souvent fait triompher le petit nombre du plus grand, c'est que nous les avons trop abandonnées. On peut sans doute tirer un grand parti de l'artillerie de campagne bien employée; mais nous y avons donné trop de confiance. N'abusons donc point d'une excellente arme, en imitant l'usage immodéré qu'en ont fait ceux qui ont cru que les troupes ne pouvaient se battre sans elle. Le moyen d'employer cette arme avantageusement, est de l'organiser, comme je l'ai indiqué plus haut, pour l'infanterie, et l'infanterie pour elle ; mais sans renoncer aux grands moyens de l'artillerie, c'est-à-dire à ses gros calibres. Il s'agit seulement de savoir dans quelle proportion on peut les admettre dans les parcs de campagne.

99. La pièce de 24 doit être réservée pour les siéges, parce qu'elle serait trop embarrassante pour les armées, par son poids et celui de ses boulets. Les plus fortes pièces qu'on doive employer pour les batteries de position dans les batailles, sont celles de 16 ; encore ne faut-il en avoir que très-peu, par la raison que l'effet de la pièce de 16 ne l'emporte pas sur celui de la pièce de 12, dans le rapport du temps employé à servir la première, et à la transporter avec ses munitions.

100. Vous aviez, citoyen Général, six pièces de 16 marchant avec votre parc, au moment du traité de Campo-Formio.

101. Pour 96 à 100,000 hommes, je voudrais huit pièces de ce calibre, à raison d'une par 12,000 hommes environ ; proportion que vous semblez aussi avoir adoptée.

102. Dans un pays de plaine, je substituerais à deux pièces de 16, deux obusiers de 8 pouces, arme inquiétante pour la cavalerie ; ce qui ne donnerait toujours pour la même armée, que le même nombre de bouches à feu de gros calibre.

Equipages de siége.

103. Quelques-unes de nos armées peuvent avoir de grands siéges à faire. J'estime que, pour ces siéges (que toutes nos armées ne peuvent pas être dans le cas d'entreprendre à-la-fois), il suffira d'avoir trois équipages de 120 bouches à feu chacun, qu'on tiendra sur les frontières, à portée des armées qui pourraient en avoir besoin ; ce qui donnera, 360 bouches à feu de gros calibres.

SECONDE PARTIE.

Organisation du personnel de l'artillerie.

CHAPITRE PREMIER.

Composition des troupes de cette arme relativement à l'espèce d'hommes qui doivent y être reçus.

104. Le canonnier devant avoir 1 mètre 63 centimètres nus pieds, et être fort, robuste et bien constitué, l'artillerie prendra dans les dépôts des départemens, avant les autres armes, les conscrits qui conviendront à son service.

105. Nul conscrit ne pourra être reçu canonnier, ou ouvrier, s'il n'est français ou des départemens réunis, de 20 à 25 ans en temps de paix, et jusqu'à 30 en temps de guerre : il devra présenter un certificat de sa municipalité, qui prouve qu'il est de bonnes mœurs, et une attestation signée de deux officiers de santé, qui constate qu'il est sans infirmité.

106. Des conscrits reconnus propres au service de l'artillerie, il sera formé onze dépôts de 500 hommes chacun, à portée des armées en temps de guerre; et des écoles d'artillerie en temps de paix, pour fournir au complet des régimens, tant à pied qu'à cheval, de cette arme; on prendra aussi dans ces dépôts pour le recrutement des compagnies d'ouvriers de l'artillerie.

107. Pour l'instruction des 500 conscrits de chaque dépôt, on y enverra des détachemens de sergens, caporaux et canonniers-instructeurs des régimens d'artillerie en garnison dans les places de 2.me et 3.me lignes, les plus à portée desdits

dépôts. Chacun de ces détachemens sera commandé par un capitaine en second et un lieutenant en second, également tirés des régimens d'artillerie à portée.

108. Les compagnies de canonniers volontaires encore existantes, étant composées d'hommes trop petits pour le service de l'artillerie, seront réformées. Les hommes de ces compagnies qui auront la taille exigée pour l'artillerie, et qui seront d'ailleurs reconnus de bonne conduite, serviront à recruter les régimens de cette arme, tant à pied qu'à cheval, ou les compagnies d'ouvriers, selon leur goût et leurs talens.

109. On a créé, au commencement de la guerre, une infinité de compagnies de canonniers volontaires, même des bataillons entiers, comme si l'on pouvait faire subitement des artilleurs, et leur commander d'en avoir les talens, comme on ordonne une levée d'hommes. Sans vouloir juger ici ces canonniers improvisés, du côté de l'instruction, et ne les considérant que sous le rapport du désavantage de la taille dans un corps destiné à manier l'arme qui fait la principale force des armées, voyons quel service réel l'artillerie pourrait tirer d'eux.

Supposons qu'on veuille leur faire servir une pièce de siége, ou placer une bombe de 12 pouches dans le mortier, le pourront ils? Ils ne sont donc d'aucune utilité dans nos armées, dans nos places et sur nos côtes; mais ils coûtent autant que des canonniers de ligne qui serviraient réellement.

Du service des bouches à feu de gros calibre, passons à celui des pièces de campagne, infiniment plus maniables. Comment manœuvreront-ils la pièce de 12? ils ne pourront le faire, à cause de la longueur de l'écouvillon et du refouloir, que les canonniers de 1 mètre 63 centimètres seuls peuvent enfoncer d'un seul mouvement. Si le petit homme ne peut le faire qu'en plusieurs temps, alors la manœuvre est ralentie. D'ailleurs, les petits canonniers ne peuvent ni effacer assez le corps pour se garantir des accidens en chargeant, ni s'avancer pour se mettre en position, ou s'en retirer sans faire un plus grand nombre de pas que les hommes de haute taille, ce qui retarde encore la charge de la pièce, et tient les servans plus long-temps exposés.

Supposons enfin qu'on ne donne aux petits canonniers qu'une pièce de 4 à exécuter, ils l'écouvillonneront mal, parce qu'il faut, pour le bien faire, retourner circulairement la hampe de l'écouvillon autour de la pièce, de manière à achever le cercle, ce qu'il est impossible de faire avec de petits bras.

Et si nous parlons des manœuvres de force de l'artillerie, de celles qui se font avec des engins dans nos arsenaux, ou à bras d'hommes dans le camps, dans les places et aux passages de rivières, c'est là qu'il faut des canonniers de taille pour dominer les objets, faire de grands abattages et vaincre l'inertie des fardeaux par la force placée avantageusement. Peut-on faire ces manœuvres avec les hommes de l'espèce de ceux dont je viens de parler? mais on ne les emploiera à ces travaux, dira-t-on, qu'avec des canonniers de ligne : ici l'inconvénient est encore plus grand; car, lorsque le poids n'appuie pas par-tout, les grands hommes sont seuls écrasés. Le chef de bataillon Lamogère, commandant l'artillerie à Palma-Nova en Italie, que j'avais chargé du désarmement de cette place à la paix, en renvoya les canonniers volontaires pour éviter de faire estropier les canonniers de ligne, aimant mieux employer ces derniers seuls à cette opération. En combien d'autres circonstances n'a-t-on pas été obligé d'en agir de même, ou de faire changer des compagnies de place pour avoir des hommes de taille? mais alors c'est faire continuellement travailler les mêmes, écraser ceux qui sont utiles, et en payer qui n'ont que le nom de canonniers.

110. Les petits hommes, dont les compagnies de canonniers volontaires fourmillent, auraient pu faire d'excellens soldats d'infanterie, et c'était la place qui leur convenait, parce qu'un homme court, mais bien pris dans sa taille, peut appliquer un aussi bon coup de fusil qu'un plus grand; mais autre chose est de manier un mousquet, ou de manœuvrer du canon et de mouvoir des machines à la hauteur desquelles on ne peut atteindre.

111. A l'armée des Pyrénées occidentales, ne pouvant tirer qu'un très-médiocre service des canonniers volontaires, je les réduisis à un plus petit nombre de compagnies, au moins pour les compléter et les organiser : j'en fis autant par vos ordres en Italie. Mais c'était, vous le savez, citoyen Général, tout au plus tirer le moins mauvais parti possible d'une mauvaise institution; il eût bien mieux vallu réformer en entier; mais cela eût supposé un nombre suffisant de canonniers de ligne pour remplacer les volontaires; et l'on sait combien nous en avons peu dans chaque armée; et si, dans l'état actuel, nous en avons assez.

112. Les canonniers volontaires qui n'auront pas la taille pour être reçus dans l'arme de l'artillerie, rentreront, ainsi que leurs officiers, dans les demi-brigades ou les bataillons auxquels ils ont originairement appartenu : ceux d'entre eux (canonniers et officiers) qui désireront entrer dans le corps de l'artillerie, comme officiers, y seront reçus, si, comme il sera dit ci-après, ils sont en état de subir les examens exigés par la loi.

Composition des officiers de l'arme de l'artillerie.

113. Avant la guerre actuelle, nul n'était admis comme officier dans l'arme de l'artillerie, sans avoir subi les examens exigés pour entrer dans ce corps. Pourquoi n'en serait-il pas de même aujourd'hui, puisque le même service exige toujours les mêmes talens?

114. Nous ne pouvons nous dissimuler que, dans l'artillerie, le tiers des places de lieutenant en second, donné à la classe des sergens, depuis la révolution, a inondé ce corps d'officiers absolument impropres à son service. Si le courage seul faisait un officier d'artillerie, je ne ferais pas ici ces réflexions : mais sans talens, que peut-on faire dans un corps à talens? Les officiers dont je parle, n'ayant jamais eu aucun principe des sciences élémentaires de l'artillerie, on ne pourrait à la guerre les charger d'opérations tant soit peu importantes, sans compromettre le service; c'est l'épreuve que

j'en ai faite dans les différentes armées où j'ai successivement commandé l'artillerie.

Ce n'est pas que parmi ces officiers il n'y en ait plusieurs à distinguer; les grades supérieurs qu'ils ont obtenu dans les armées, prouvent combien l'artillerie a gagné à en faire l'acquisition. Je ne parle que de la grande majorité de ces officiers qui n'a pour elle que la bravoure ; avantage qu'ont également ceux qui réunissent les talens au courage.

Il est pénible sans doute d'être obligé de s'expliquer aussi clairement sur une classe d'officiers estimables d'ailleurs, par le dévouement qu'elle a montré en plusieurs occasions, et par l'ancienneté de ses services : mais je trahirais l'intérêt d'une arme dans laquelle nous devons chercher à rappeler les talens qu'on en a si mal-adroitement exilés, si un moment de popularité me faisait approuver le mode d'avancement qui a été le plus contraire à son instruction.

Qu'il faille récompenser les services du soldat par de bonnes retraites, ou par des places dans lesquelles il puisse être encore utile suivant le genre d'éducation qu'il a reçu ; c'est ce qu'on doit s'empresser de faire; mais non en confiant à des mains inhabiles les fonctions qui demandent le plus de talens.

Jettons les yeux sur notre marine, dont les lumiéres sont, pour ainsi dire, éteintes. Il fallait, sans doute, nommer aux emplois des officiers de cette arme, qui ne méritaient plus de servir la patrie, ou qui l'avaient lâchement abandonnée ; mais comment les a-t-on remplacé, et a quels hommes a-t-on confié l'art le plus difficile ? Les mers sont couvertes des débris de nos vaisseaux, monument des funestes apprentissages de ses navigateurs inexpérimentés dont la plupart ne savent que faire des routes sur la mer, et ignorent absolument l'art des manœuvres qui constituent essentiellement l'officier de marine.

Le sort de l'artillerie deviendrait de même, si l'on continuait à lui donner des officiers sans instruction, et insusceptibles d'en acquérir ; si enfin on s'obstinait à ne vouloir pas faire attention que dans un corps qui suppose des connaissances acquises, il ne faut pas donner à celui qui n'a appris qu'à exécuter, l'emploi de diriger, ni mettre par-tout, s'il est permis de s'exprimer ainsi, les bras à la place de la tête.

115. Il n'est qu'un seul moyen d'empêcher l'artillerie de rentrer dans les ténèbres d'où le général Gribeauval l'avait tirée avec tant de succès ; c'est, comme je viens de l'indiquer, de n'admettre, comme autrefois, pour officiers d'artillerie, aucun aspirant, sergent, canonnier, ou autre de quelque état ou corps qu'il soit, qui n'ait subi les examens dont il sera parlé ci-après. Tout système contraire énerverait entièrement les troupes de cette arme, en leur ôtant de bons sergens pour en faire de médiocres officiers, et acheverait d'encroûter le corps autrefois le plus éclairé.

D'ailleurs, si le génie ne reçoit plus d'officiers que ceux qui ont subi ses examens, pourquoi l'artillerie, qui suppose les mêmes connaissances, et qui est le type des deux corps, ne suivrait-elle pas la même marche?

Si l'on objectait que ce serait aller contre les principes de l'égalité, que de ne pas prendre les officiers de tout corps militaire, parmi les soldats de ce même corps, on saisirait mal l'esprit de la loi ; car cette disposition ne peut regarder que les corps où il suffit d'être brave, et d'une moralité reconnue, pour y être reçu officier, et non ceux qui demandent des études préliminaires d'où dépend le salut de tous. Confierait-on, par exemple, le timon d'un vaisseau au plus ancien matelot de l'équipage, uniquement parce qu'il serait le plus ancien ou qu'il aurait capté les suffrages de ses camarades? Il en doit être de même dans l'artillerie, puisque là l'ignorant, quoique brave, n'est toujours qu'ignorant.

Ce que j'ai le courage de dire ici (parce qu'il faut que quelqu'un ait celui de présenter la vérité nue au gouvernement), est dicté par le seul amour du bien public, et je suis loin de penser que l'opinion régénératrice de l'artillerie que je viens d'émettre avec tant de franchise, éprouve autant d'oppositions qu'on l'imagine peut-être. Ce n'est pas dans un corps où l'on étudie continuellement, et où les hommes sont, par état, accoutumés à réfléchir, que les vrais principes de sa constitution peuvent être mal appréciés. Le retour que je propose à l'ancienne institution de l'artillerie, ne blessera que l'ambitieux sans talent; mais non l'homme sage qui craint les places au-dessus de ses forces.

118. Si les dispositions que je propose sont adoptées, les sergens d'artillerie qui n'auront pas été reçus officiers aux examens ouverts à tout le monde, ne pourront sans doute plus prétendre à ce grade; mais il faudra que toutes les places de gardes dans les arsenaux ou autres établissemens de cette arme, leur appertiennent dans toute l'étendue du territoire de la république.

119. On ne déplacera aucun des officiers actuels venant de la classe des sergens; mais on ne les emploiera qu'à l exécution de l'arme, et jamais à la diriger.

120. Lorsqu'ils demanderont des résidences, on les placera le plus avantageusement possible. Ceux d'entre eux qui auront fait la guerre, seront les premiers placés; car a ancienneté égale la préférence leur sera due.

121. On ne devra pas non plus, sous prétexte de vieillesse, faire retirer les officiers de cette classe, sans leur aveu, à moins d'infirmités qui les mettent hors d'état de continuer leurs services. La vieillesse dans les corps à talens est précieuse pour les jeunes gens. Les officiers dont il est ici question sont utiles aux canonniers, et en général, à tous ceux dont on n'exige que le talent de l'exécution. D'ailleurs, à parler généralement et de toutes les classes d'officiers de quelques corps qu'ils soient, on n'est pas vieux lorsqu'on sert bien. Il est dans toutes les armes, tel militaire encore très-actif, et, s'il est permis de s'exprimer ainsi, très-jeune à soixante ans et au-delà, tandis que tel autre est usé et vieux, au moral et au physique, avant 30 ans. Ne réformons donc que celui qui est infirme ou impropre au métier, quoique très-jeune d'âge, et conservons celui dont le zèle, les talens et la tête ne vieillissent pas. Je reviens à la composition des officiers de l'arme de l'artillerie.

122. Nul ne sera reçu officier dans ce corps, qu'il n'ait passé deux ans à l'école polytechnique, où l'on exigera de lui les mêmes talens et la même instruction que pour entrer dans le génie.

123. En conséquence, les places de lieutenant en second, vacantes dans le corps de l'artillerie, ne seront plus données alternativement à un sergent-major ou sergent et à un élève ; de manière que sur trois places vacantes, il y en ait une pour les sergens et deux pour les élèves.

124. Tout sergent d'artillerie qui aspirera à entrer dans ce corps comme officier, sera obligé de subir les examens déterminés par le gouvernement pour y être reçu.

125. Les canonniers et les ouvriers seront aussi admis à se présenter à ces examens, et seront reçus s'ils ont l'instruction exigée.

126. Nul ne pourra être admis à ces examens, s'il n'est français, ou, comme il est dit ci-dessus, des pays réunis à la République.

127. Les sergens, canonniers ou ouvriers, ne pouvant passer deux ans à l'école polytechnique, comme les citoyens qui ne tiennent à aucun corps, il sera formé pour eux, dans chaque grande garnison de l'artillerie, une école de mathématiques et de dessin ; et de cette école, qui sera surveillée par les officiers de cette arme, ils passeront à celle des élèves lorsqu'ils seront jugés susceptibles d'y être admis.

Avancement.

128. L'avancement du grade de canonnier ou ouvrier, jusqu'à celui de sergent-major, et d'adjudant sous-officier, se fera suivant les règles usitées pour l'avancement de l'artillerie.

129. Celui des officiers et des généraux de cette arme sera le plus ordinairement à l'ancienneté en temps de paix ; mais en guerre, il dépendra plus particulièrement des actions d'éclat, et par conséquent, du choix des généraux des armées, et du premier Consul de la République.

130. Nul officier d'artillerie ne pourra parvenir au grade de général, s'il n'a fait la guerre, à moins d'une paix si longue qu'on ne puisse lui imputer de n'avoir pas cherché à se faire employer dans une armée.

131. Qu'un officier d'artillerie dise que ce n'est pas sa faute si son régiment ou sa compagnie n'ont pas été employés aux armées, il dira sans contredit la vérité; mais il n'en sera pas moins vrai qu'il n'aura pas combattu pour la patrie, tandis que tel autre aura eu cent fois le bonheur d'exposer sa vie pour elle. Or, le gouvernement n'examine pas, lorsqu'il récompense, si c'est l'ancien ou le cadet dans un corps qui l'a bien servi, parce qu'il lui suffit de savoir qui l'a fait, et que c'est celui qui l'a fait qu'il veut récompenser.

132. Je ne puis donc être de l'avis de ceux qui pensent que dans les corps à talens, l'avancement ne doive être qu'à l'ancienneté en paix comme en guerre; cela ne peut être admis dans aucun système de formation militaire, et sur-tout dans une révolution, ou les grands traits de courage et de dévouement font triompher la cause de la liberté, et doivent par conséquent être couronnés des mains de la patrie reconnaissante.

Vous même, citoyen Général, avez-vous consulté l'ancienneté, lorsqu'à la tête de vos armées, vous avez élevé aux premiers grades les militaires des différentes armes qui se sont signalé sous vos ordres, et ont contribué à vos victoires dans les différentes parties du monde? Ne m'avez-vous pas aussi accordé en Italie, dans les champs de Castiglione, de Rivoli, d'Arcole, au passage du Tagliamente, etc., l'avancement que je vous ai demandé pour ceux de mes frères d'armes qui ont honoré l'artillerie et le nom français dans ces immortelles journées? Ces promotions sont connues, et le gouvernement les à sanctionnées. Irais-je aujourd'hui démentir mes principes, en admettant d'autre avancement à la guerre que celui qui doit être le prix du sang et des vertus qui en tant d'occasions ont sauvé la patrie?

Service de l'arme de l'artillerie.

133. Le service de l'artillerie, dans les armées, sera fait par les régimens tant à pied qu'à cheval, et par les compagnies d'ouvriers.

134. Les compagnies de pontonniers seront supprimées et fondues dans celles d'ouvriers, suivant le mode qui sera déterminé ci-après (*m*).

135. Les compagnies d'ouvriers artistes seront supprimées sans remplacement (*n*).

136. Les régimens d'artillerie seront aussi chargés du service de l'artillerie des places.

137. Les canonniers gardes-côtes continueront, jusqu'à nouvel ordre, à être chargés du service des batteries de côte. Ils seront instruits par les canonniers des régimens, et aux ordres des directeurs d'artillerie.

138. Je ne parle pas des canonniers qu'on appelle vétérans; leur âge et leurs infirmités leur ont mérité le repos. Il faut les récompenser de leurs anciens services, en assurant leur existence : mais ne leur confier aucune batterie sur les côtes, à moins de vouloir compromettre le service.

Écoles de l'artillerie.

139. L'école des élèves d'artillerie sera conservée à la paix.

140. Tout individu (sergent, canonnier, ouvrier ou autre) reçu à l'école des élèves de l'artillerie, ne passera dans les régimens de cette arme que lorsqu'il aura été reconnu suffisamment instruit dans la pratique des sciences qui constituent l'officier d'artillerie. Les besoins urgens de la guerre pourront seuls abréger ce noviciat; mais à la paix, ceux qui n'auront pas passé à l'école le temps suffisant pour leur instruction, y reviendront, sans que cela leur fasse rien perdre de leur avancement.

141. Le gouvernement entretiendra à l'école des élèves :

Un professeur et un sous-professeur de mathématiques.

Un professeur et un sous-professeur de dessin.

Un professeur et un sous-professeur de fortifications.

Un professeur de physique qui sera en même-temps professeur de chimie.

Un professeur d'architecture qui enseignera aussi la coupe de la pierre et celle de la charpente.

142. Cette école sera établie dans une place dont la fortification présente aux élèves de grands modèles en ce genre, et qui ait un arsenal de construction, une fonderie de canons, un régiment d'artillerie à pied, un à cheval, quelques compagnies d'ouvriers (*o*), un équipage de pont de pontons, un de bateaux (*p*), et des ouvriers exercés à ces différentes constructions, afin que les élèves trouvent dans cette école tous les genres d'instruction à désirer pour l'artillerie (*q*).

143. Le plan d'instruction de l'école sera de faire continuellement succéder la pratique à la théorie, comme l'indique le projet d'instruction que j'ai soumis au comité central de l'artillerie lors des conférences que j'ai déjà citées, et que l'on trouvera à la suite de cet Essai. (Voyez la 3.e Partie.)

144. Le nombre des écoles d'artillerie sera augmenté en raison du nombre des régimens à pied de cette arme.

Je propose :

11 Régimens d'artillerie à pied.
11 Régimens d'artillerie à cheval.
20 Comagnies d'ouvriers.
24 Compagnies d'armuriers.

Lesquels régimens et compagnies seront formés comme ci-après.

FORMATION DES TROUPES
DE L'ARTILLERIE.

Formation d'un régiment d'artillerie à pied.

145. Un régiment d'artillerie à pied sera composé, dans l'état de guerre et dans celui de paix, de 20 compagnies formant cinq sections, et d'un état-major.

ETAT-MAJOR.

9	1 Chef de brigade. 6 Chefs de bataillon. 1 Quartier-maître trésorier. 1 Adjudant-major.
	Un officier de santé.
9	5 Adjudans ordinaires. 1 Tambour-major. 1 Chef tailleur. 1 Chef cordonnier. 1 Chef armurier.
18	

146. Un des chefs de bataillon sera chargé des détails ; il ne sera pas pris à l'ancienneté, parce qu'on peut être bon officier d'artillerie sans être versé dans les détails de la comptabilité. Cet officier ne commandera en l'absence du chef de brigade, qu'autant qu'il sera plus ancien que les autres chefs de bataillon. Il aura sous ses ordres l'adjudant-major, et ce dernier sera aidé par les cinq adjudans ordinaires, à raison d'un par section.

147. Il sera attaché à la suite de chaque régiment d'infanterie à pied, 20 capitaines en second pour le service du matériel de l'artillerie, tant dans les armées que dans les places et les divers établissemens du corps et les colonies.

Composition d'une compagnie.

Etat de guerre.		Etat de paix.
1	Capitaine en premier.	1
2	Capitaines en second, dont un à la compagnie, et l'autre en résidence.	2
1	Lieutenant en premier.	1
2	Lieutenans en second.	2
6		6

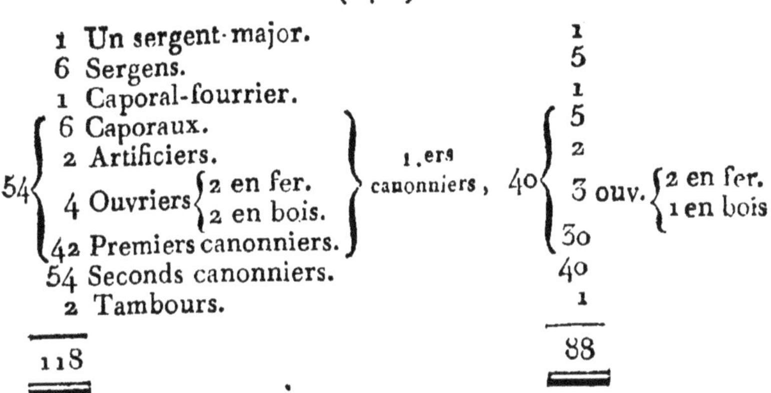

	État de guerre	État de paix
	1 Un sergent-major.	1
	6 Sergens.	5
	1 Caporal-fourrier.	1
54 (1.ers canonniers)	6 Caporaux.	5 (40)
	2 Artificiers.	2
	4 Ouvriers { 2 en fer. 2 en bois.	3 ouv. { 2 en fer. 1 en bois
	42 Premiers canonniers.	30
	54 Seconds canonniers.	40
	2 Tambours.	1
	118	88

148. Chaque compagnie sera composée de six escouades en temps de guerre, et de cinq en temps de paix.

149. A la paix on laissera successivement éteindre 30 canonniers dans chaque compagnie, de manière que les 118 soient réduits à 88, comme le présente l'état ci-dessus, qui donne l'état de guerre et celui de paix.

Formation d'un régiment d'artillerie à cheval.

150. Un régiment d'artillerie à cheval sera composé, dans l'état de guerre et dans celui de paix, de dix compagnies, formant deux sections, et d'un état-major.

ETAT-MAJOR.

5 {
1 Chef de brigade.
2 Chefs d'escadron.
1 Quartier-maître trésorier.
1 Adjudant-major.
}

Un officier de santé.

8 {
2 Adjudans ordinaires.
1 Trompette-brigadier.
1 Artiste vétérinaire.
1 Sellier.
1 Bottier.
1 Tailleur.
1 Maître armurier.
}

13

151. Chaque section sera commandée par un chef d'escadron. L'adjudant-major sera chargé des détails du régiment, et sera aidé par les deux adjudans ordinaires, à raison d'un par section.

152. Il sera attaché à la suite de chaque régiment d'artillerie à cheval, dix capitaines pour le service du matériel de l'artillerie, dans les armées, les places, les établissemens du corps, et les colonies.

Composition d'une compagnie.

	Etat de guerre.				Etat de paix.
	1	Capitaine commandant.			1
	1	Premier lieutenant.			1
	2	Seconds lieutenans			2
	4				4
	1	Maréchal-des-logis chef.			1
	5	Maréchaux-des-logis.			4
	1	Brigadier fourrier.			1
46	5	Brigadiers.	1.ers canonniers,	30	4
	2	Artificiels.			
	3	Ouvriers. { 1 en fer. 1 en bois. 1 maréchal.			
	36	Premiers canonniers.			30
	46	Seconds canonniers.			30
	2	Trompettes.			2
	101				72

A la paix, la compagnie sera réduite à son état actuel, c'est-à-dire à 72 hommes, comme l'indique le tableau ci-dessus.

Service des compagnies d'artillerie à pied et à cheval, à la guerre.

153. Une compagnie d'artillerie à pied exécutera à la guerre les six bouches à feu à pied qui seront attachées à une division

d'infanterie de 10 à 12,000 hommes; et une compagnie d'artillerie à cheval, les six bouches à feu d'artillerie à cheval affectées à la même division.

154. Il y aura aussi un certain nombre de canonniers à pied au grand parc de chaque armée, soit pour les travaux journaliers de ces parcs, soit pour les autres besoins de l'artillerie, dont il sera parlé ci-après.

NOMBRE DE RÉGIMENS D'ARTILLERIE

A PIED ET A CHEVAL,

Nécessaires pour tous les services de l'armée française.

	COMPAGNIES D'ARTILLERIE	
	A PIED.	A CHEVAL.
154. Pour exécuter l'artillerie à pied et celle à cheval marchant avec les 24 divisions d'infanterie de l'armée, il faudra 24 compagnies d'artillerie à pied, et 24 d'artillerie à cheval. (Art. 153). ci..	24	24
155. Autant au parc pour l'artillerie attelée et prête à remplacer celle des 24 divisions ci-dessus, ci..	24	24
Et autant dans les dépôts en arrière pour remplacer celles du parc, ci..	24	24
Par la même raison, 12 compagnies de canonniers à cheval exécuteront l'artillerie marchant avec les 12 réserves de cavalerie de l'armée. (Même art. 153), ci.		12
Il y en aura autant au parc pour l'artillerie destinée à rem-		
	72	84

	COMPAGNIES D'ARTILLERIE A PIED.	COMPAGNIES D'ARTILLERIE A CHEVAL.
D'autre part.	72	84
placer celles des 12 réserves ci-dessus, ci..........		12
Et autant dans les dépôts pour remplacer celles du parc, ci...		12
156. On aura donc 72 compagnies d'artillerie à pied, et 108 d'artillerie à cheval pour exécuter les 1,080 bouches à feu de campagne nécessaires pour les 360,000 hommes dont j'ai supposé l'armée composée, ci...	72	108
157. Et comme parmi ces 1,080 bouches à feu, il y en aura 432 d'artillerie à pied, et 648 d'artillerie à cheval; cela donnera 18 canonniers par bouche à feu à pied, et 15 par bouche à feu à cheval.		
158. Or 18 canonniers ne sont pas nécessaires pour le service d'une bouche à feu d'artillerie à pied, puisqu'on n'en compte ordinairement que 10, et au plus 12, les six autres par pièce, qui donneront 2592 canonniers à pied sur toute l'armée, et 108 seulement pour chacune de ses 24 divisions, serviront non-seulement à fournir les gardes pour les parcs de		
	72	108.

ces

	COMPAGNIES D'ARTILLERIE	
	A PIED.	A CHEVAL.
D'autre part,	72	108
ces divisions d'armée (*r*), mais encore à escorter les convois servant à les approvisionner de munitions, rechanges et autres effets d'artillerie; et enfin à remplacer les canonniers tués, pris ou blessés dans les affaires.		
159. Les 24 compagnies d'artillerie à pied, et les 24 d'artillerie à cheval (art. 154) marchant avec les 24 divisions d'infanterie de l'armée, y resteront nécessairement, devant toujours être prêtes à servir l'artillerie, exposée à combattre d'un moment à l'autre; mais les 24 compagnies à pied, et 24 à cheval en réserve au parc, n'étant dans le cas de marcher que lorsque les pièces qu'elles devront servir marcheront elles-mêmes, les canonniers à pied et ceux à cheval de ces 48 compagnies seront employées aux gardes et aux corvées dudit parc, lorsqu'elles ne seront pas appelées aux divisions pour remplacer ou renforcer celles combattantes.		
Même observation pour les 24 compagnies d'artillerie à pied,		
	72	108

	COMPAGNIES D'ARTILLERIE	
	A PIED.	A CHEVAL.
D'autre part,	72	108
et 24 à cheval, placées dans les dépôts en arrière du parc ; lesquelles seront également employées aux gardes et aux corvées desdits dépôts, lorsqu'elles ne seront pas obligées d'aller remplacer celles du parc.		
160. Comme toutefois les gardes et les corvées du parc et des dépôts, ne devront jamais dépendre de ces 96 compagnies au total, puisque toutes à-la-fois pourraient être appelées en avant dans des cas à la vérité très-extraordinaires (*s*), il y aura au parc 12 compagnies d'artillerie à pied, et six aussi à pied dans les dépôts en arrière pour ces gardes et corvées ; le tout sans y comprendre les compagnies d'ouvriers que le général d'artillerie placera où il les croira nécessaires, ci.	18	
161. J'ai dit (art. 96 et suivans, jusques et compris le 102.e), que dans les armées il ne suffisait pas d'avoir des pièces de campagne ; qu'il fallait aussi marcher avec quelques pièces de gros calibre, soit pour des affaires majeures et décisives,		
	90	108

	COMPAGNIES D'ARTILLERIE	
	A PIED.	A CHEVAL.
D'autre part,	123	108
canonniers qui ne manœuvrent pas les pièces, ci.	74	
165. A quoi j'ajouterai 17 compagnies d'artillerie à pied, tant pour les besoins imprévus de nos armées, que pour les postes de quelque importance, que nous serons obligés de garder avec les républiques nos alliées, et pour les îles de Corse et de Malte.	17	
166. Et enfin deux compagnies d'artillerie à cheval pour Paris et l'intérieur, ci.		2
	220	110.

167. Il faudrait donc 220 compagnies, ou ce qui est le même, 11 régimens d'artillerie à pied, et 110 compagnies ou 11 régimens d'artillerie à cheval, pour tous les services de l'artillerie française, tant dans nos armées que pour nos places, nos côtes, nos grandes îles et nos possessions lointaines.

168. *Nota.* Dans le nombre des places dont l'artillerie doit être servie par les 8000 canonniers jugés nécessaires pour cet objet (art. 264), je comprends non-seulement nos grands ports, tels que Brest, Rochefort, l'Orient, Toulon; mais encore ceux de commerce, comme Bayonne, Port-Malo, le Hâvre, Dieppe, Dunkerque, etc. Ainsi que les îles de Ré, d'Oleron, d'Ouessant, Belle-île, etc. et autres de même importance, qui avoisinent nos côtes.

169. Les seuls postes non compris dans la distribution à faire des 8000 canonniers ci-dessus, sont les batteries de côtes qui sont dans le cas d'être supprimées, telles que sont celles

qui ne sont pour la plupart que d'une ou deux pièces mal placées, et par conséquent inutiles (x).

170. Les batteries à conserver, sont celles qui ont été établies d'après les principes du général Gribeauval, pour défendre nos ports, nos grandes rades, ainsi que les asiles du commerce et du cabotage, et en général tous les points importans de nos côtes.

171. Le gouvernement n'ayant point encore prononcé sur celles de ces batteries qui sont réellement inutiles les canonniers gardes côtes continueront à les servir jusqu'à ce qu'elles soient supprimées.

Des compagnies d'ouvriers et de pontonniers.

172. Je ne supposerai qu'une espèce d'ouvriers dans l'artillerie, lesquels seront en même-temps pontonniers. Il y aura 20 compagnies d'ouvriers ; elles auront, comme celles de canonniers de 118 hommes chacune, cinq officiers et six escouades en temps de guerre (y).

173. A la paix on laissera éteindre 30 hommes, comme le présente l'état ci-après.

174. Les 6 escouades, en temps de guerre, seront composées de 4 d'ouvriers, et de 2 de pontonniers.

175. Et les 5 en temps de paix, de 4 d'ouvriers, et de 1 de pontonniers.

176. Ces 20 compagnies d'ouvriers n'auront point d'état-major, elles resteront isolées, comme elles l'ont toujours été ; ce qui est infiniment plus simple pour la comptabilité.

177. Ces compagnies auront d'ailleurs en temps de guerre, 6 ouvriers des professions particulièrement analogues à celles des pontonniers, et 5 seulement à la paix.

178. La réunion des ouvriers aux pontonniers fera supprimer l'état-major et tous les officiers des compagnies actuelles de pontonniers ; ceux de ces officiers qui seront en état de se présenter aux examens de l'artillerie, et qui, à ce titre, seront reçus dans ce corps, pourront, s'ils le désirent, être employés de préférence dans les compagnies d'ouvriers.

Composition d'une compagnie d'ouvriers.

Etat de guerre.		Etat de paix.	
1	Capitaine commandant.	1	
1	Capitaine en second.	1	
1	Lieutenant en premier.	1	
2	Lieutenans en second.	2	
5		5	
1	Sergent-major.	1	
6	Sergens.	6	
1	Caporal-fourrier.	1	
6	Caporaux.	6	
30	Premiers ouvriers.	25	
6	Ouvriers analogues aux ouvrages des pontonniers. { 2 Mailleurs. 2 Calfats. 2 Chaudronniers.	5	{ 1 Chaudronnier. 2 Calfats. 2 Mailleurs.
36	Seconds ouvriers	25	
30	Apprentifs ou manœuvres.	20	
2	Tambours.	1	
118		88	

179. A la paix, le nombre des compagnies d'ouvriers ne sera pas diminué, parce qu'une grande république ne peut-être long-temps sans avoir la guerre, et que du moment où elle est en paix, elle doit en profiter pour réapprovisionner ses arsenaux, de tous les objets dont la guerre l'a démuni.

Compagnies d'armuriers.

180. Il y aura 24 compagnies d'armuriers (*z*) de 118 hommes chacune, et de 6 escouades.

Ces compagnies auront 5 officiers des mêmes grades que ceux des compagnies d'ouvriers, avec cette différence, que ces officiers ne seront point tirés du corps de l'artillerie ; mais choisis par le gouvernement, parmi d'excellens artistes dans l'art de la fabrication des armes.

Ces officiers rouleront entre eux sur les 24 compagnies, pour leur avancement.

Ces compagnies, comme celles des ouvriers, n'auront point d'état-major, mais seront isolées, et par les mêmes raisons.

181. De ces 24 compagnies, 12 travailleront à la fabrication des armes, dans les trois manufactures nationales de Charleville, Maubeuge et S.-Etienne; les 12 autres seront réparties dans nos armées pour y être employées aux réparations des armes.

182. Chacune de ces compagnies sera composée de 6 escouades, en paix comme en guerre : la première de forgeurs de canons, autrement dits canonniers; la seconde, de compasseurs et aiguiseurs ; la troisième de forgeurs et limeurs de platines ; la quatrième de monteurs en blanc ; la cinquième de forgeurs et limeurs de garnitures, et la sixième de garnisseurs et acheveurs.

183. Ainsi, les armes à l'usage des troupes se feront, dans nos manufactures, par des compagnies d'armuriers, comme les affûts et autres attirails d'artillerie se construisent dans nos arsenaux, par nos compagnies d'ouvriers.

184. Chacune des trois grandes manufactures d'armes de Charleville, Maubeuge et S.-Etienne, sera dirigée par un chef de bataillon d'artillerie, qui aura sous ses ordres d'autres officiers de ce corps, dont il sera parlé ci-après, pour surveiller les travaux, et tenir la grande police des ouvriers : les officiers des compagnies d'armuriers seront chefs des ateliers.

185. Ces manufactures auront comme par le passé, des contrôleurs et des réviseurs aussi nommés par le gouvernement, et choisis parmi des hommes à talens.

Composition d'une compagnie d'armuriers.

1 Capitaine Commandant.
1 Capitaine en second.
1 Lieutenant en premier.
2 Lieutenans en second.

5

1 Sergent-major.
6 Sergens.
1 Caporal-fourrier.
6 Caporaux.
30 Premiers armuriers.
36 Seconds armuriers.
36 Apprentifs.
2 Tambours.

118

186. En temps de paix, ces compagnies ne seront pas réduites, et l'on reversera, dans les manufactures, celles qui reviendront des armées, afin de réparer plus promptement les pertes occasionnées par la guerre.

487. Il faudrait même monter le travail de manière à avoir par tout assez d'armes neuves ou réparées, pour que les demi-brigades qui auraient des fusils en mauvais état, les envoyassent dans les dépôts les plus à portée d'elles, pour les changer.

Il faudrait aussi pouvoir se passer d'armuriers dans les bataillons, car ils perdent les armes.

Organisation des charretiers et employés des équipages d'artillerie.

188. Dans le mémoire que j'ai remis au comité central de l'artillerie lors des conférences précitées, j'ai proposé d'organiser militairement les charretiers et employés attachés aux équipages de cette arme. Quelqu'un objecta « qu'il ne pen-» sait pas que l'idée de transformer des charretiers en soldats, » même dans l'artillerie à cheval, dût être suivie ; ajoutant » qu'on croyait même que ce serait ravaler le soldat » : comme s'il pouvait se trouver ravalé, de voir donner son grade à l'homme qui verse son sang à côté de lui pour la même cause ? N'avons-nous pas vu en Italie des charretiers d'artillerie donner des preuves du plus grand dévouement pour la patrie ? Sans parler de ceux qui ont perdu la vie dans les plaines de Castiglione, et sur les chaussées sanglantes

d'Arcole : que n'ont pas fait ceux qui aux passages de la Piave et du Tagliamente, ont affronté mille dangers pour disputer aux eaux leurs pièces, leurs caissons, leurs chevaux ? Les soldats les plus intrépides n'eussent rien fait de plus.

Nul état n'est donc vil, et encore moins l'homme qui se distingue, en quelque rang que la fortune ou le hasard auxquels nous ne commandons pas, l'aient placé. Aussi les malheureux, dont il est ici question, ont-ils particulièrement été l'objet de votre sollicitude, citoyen Général. Ils n'étaient pas exactement payés par les agens de l'entreprise à laquelle ils appartenaient. Vous avez ordonné qu'ils le fussent par le payeur de l'armée, comme les troupes de la République. J'allais vous faire agréer leur organisation, lorsque vous partîtes de l'armée d'Italie pour vous rendre à Rastadt. J'étais aussi au moment de la proposer au général Berthier, au retour de l'expédition de Rome. Mais alors vous voulûtes bien me faire appeler en France, pour commander sous vos ordres, l'artillerie de l'armée d'Angleterre, et bientôt après vous partîtes vous-même pour l'Egypte.

Il me fallut donc perdre de vue, au moins pour un temps, l'exécution de mon projet. Vous savez d'ailleurs quel était l'esprit de vertige qui gouvernait alors la France; cependant les équipages d'artillerie ne pouvaient être plus mal entretenus que par les compagnies qui s'en étaient chargées dans les différentes armées; puisque, par-tout, les charretiers étaient continuellement sans pain, sans solde, sans habits, et leurs chevaux sans fourrage, sans fers et sans harnais. Tel, et pire encore, était l'état de situation des équipages d'artillerie de l'armée d'Angleterre, lorsque j'y arrivai; et depuis, les choses en sont venues au point, qu'aux mois de brumaire et frimaire derniers, j'ai été obligé de demander au général en chef, d'autoriser le commissaire-ordonnateur Perroud, de faire pourvoir des magasins et des caisses de l'armée, à tous les besoins du personnel et du matériel de ces équipages. De quoi serviraient alors les entrepreneurs qui abandonnaient aussi indécemment leur service, puisque c'était la République qui nourrissait leurs chevaux, payait leurs charretiers, etc., et qu'ils ne faisaient que lui prêter leurs chevaux. Il était donc absurde qu'elle fît avec eux des marchés très-chers, pour des simulacres d'équipages dont elle avait seule les charges, et eux tous les bénéfices.

Dans cet état de choses, le seul moyen d'avoir dans les armées des équipages d'artillerie sur lesquels on pût compter, était que la République fît l'acquisition des chevaux, et prît les charretiers et employés à sa solde, comme troupe particulièrement attachée à ce service : ce fut ce que je demandai au ministre Berthier, certain que lui faire connaître le bien à vous proposer, c'était être sûr qu'il serait fait.

Jugez par ces détails, citoyen Général, du plaisir que m'ont fait les arrêtés des consuls de la République, des 13 nivôse et 14 pluviôse derniers, par lesquels vous avez donné aux charretiers et employés des équipages d'artillerie, une organisation rapprochée de celle des troupes, autant qu'il convenait de le faire ; et avez ordonné que les chevaux affectés à ce service, fussent achetés par la République.

Ne pouvant mieux faire ici que de substituer votre organisation à la mienne, je transcris en cet endroit les deux arrêtés précités.

ARRÊTÉ DES CONSULS DE LA RÉPUBLIQUE,

Du 13 nivôse an 8,

Qui détermine le mode d'organisation des équipages d'artillerie.

189. Les Consuls de la .épublique arrêtent :

Art. I.er Les charretiers d'artillerie seront organisés en bataillons de cinq compagnies. Les corps porteront le nom de *Bataillons du train d'artillerie*. Les soldats du train d'artillerie seront traités comme les autres soldats de la République.

II. Sur les cinq compagnies, une d'élite sera de préférence attachée au service de l'artillerie à cheval. Elle sera composée des hommes les plus forts, les plus adroits et les plus exercés. Trois autres seront destinées au service des parcs, des places et de l'artillerie à pied, et la dernière servira de dépôt, fournira aux remplacemens et restera au parc.

III. Chaque compagnie d'élite sera composée de quatre-vingts hommes, sous-officiers compris, et sera commandée par un maréchal-des-logis-chef, deux maréchaux-des-logis et trois brigadiers.

Chaque compagnie ordinaire sera composée de soixante hommes, sous-officiers compris, et sera commandée par un maréchal-des-logis-chef, deux maréchaux-des-logis et quatre brigadiers.

Il sera attaché un trompette à chaque compagnie.

IV. Chaque soldat du train d'artillerie aura soin de deux chevaux.

V. Chaque bataillon du train d'artillerie sera commandé par un capitaine, un lieutenant et un quartier-maître.

VI. Tous les officiers et sous-officiers du train d'artillerie devront avoir fait la guerre, et seront choisis de préférence parmi les employés actuels aux équipages d'artillerie.

VII. Les bataillons et les officiers qui les commandent sont sous les ordres des différens commandans d'artillerie, quel que soit leur grade.

VIII. Les bataillons du train d'artillerie d'une même armée sont sous les ordres d'un inspecteur-général du train d'artillerie, ayant le grade de chef de brigade;

D'un major du train d'artillerie, ayant le grade de chef de bataillon;

De deux capitaines-inspecteurs et de deux adjoints-lieutenans.

Tous les officiers, tant de l'état-major du train d'artillerie d'une armée que de l'état-major des bataillons, sont brevetés par le ministre.

IX. Lorsque, par les événemens de la guerre, les bataillons du train se trouveront au dépôt, sans chevaux, ils seront armés, et feront le service du parc et de la place, aux postes désignés par le commandant.

X. Dans le cas où un supplément de soldats du train d'artillerie deviendrait nécessaire, la partie active des bataillons se complettera au parc des compagnies de dépôt, et celles-ci se completteront comme les autres troupes de la République.

XI. La taille requise pour les canonniers, ne le sera pas pour les soldats du train d'artillerie.

XII. Les généraux d'artillerie aux différentes armées sont chargés de l'organisation de ces corps.

En conséquence, ils nommeront à tous les emplois, en enverront l'état au ministre de la guerre, afin qu'il y donne sa sanction.

Les soldats du train d'artillerie parviendront par la suite aux places de brigadiers, et ceux-ci à celles de maréchaux-des-logis de deux manières, savoir; les trois quarts à l'ancienneté, et un quart au choix de l'inspecteur-général du train d'artillerie.

XIII. Nul ne pourra être brigadier, s'il ne sait lire et écrire.

XIV. L'habillement des soldats du train d'artillerie sera composé d'un habit veste, une capote ample, un gilet, un pantalon et une surculotte gris-de-fer, des bottines, des boutons d'artillerie en métal blanc, et un chapeau à trois cornes. Ceux qui serviront dans les compagnies d'élite porteront un ponpon rouge.

XV. La solde des soldats du train d'artillerie composant les compagnies ordinaires, est fixée à 50 centimes; celle des brigadiers à 60; celle des maréchaux-des-logis à 75 centimes par jour; celle du trompette sera la même que celle du trompette d'artillerie légère.

Les compagnies d'élite toucheront un supplément de solde qui sera de 5 centimes pour les soldats, et de 10 centimes pour les brigadiers et maréchaux-des-logis et trompettes.

La solde sera payée, comme celle des autres troupes, par le payeur de l'armée et sur les mêmes fonds.

XVI. La solde des officiers du train d'artillerie est fixée ainsi qu'il suit :

Inspecteur-général chef de brigade...........	8,000 fr.
Major du train d'artillerie chef de bataillon....	5,000
Capitaine-inspecteur	4,000
Capitaine commandant les bataillons..........	3,500
Adjoint-lieutenant du major du train d'artillerie.	3,000
Lieutenant employé dans les bataillons........	2,400
Quartier-maître	2,400

XVIII. La masse d'entretien pour les soldats du train d'artillerie, brigadiers et maréchaux-des-logis, sera conforme à celle de l'artillerie à pied.

La retenue pour la masse du linge et chaussure sera de 6 centimes.

XVIII. La masse de linge et chaussure pour chaque bataillon sera déposée dans la caisse du quartier-maître.

Dans les déplacemens, le bordereau et l'argent de la partie de la masse qui revient à la compagnie détachée, lui seront envoyés.

XIX. La masse de linge et chaussure sera dirigée dans chaque bataillon par le quartier-maître, et dans chaque compagnie par le maréchal-des logis chef, qui tiendra un compte ouvert avec chaque soldat et sous-officier.

Les sommes nécessaires pour fournir à l'entretien du linge et de la chaussure seront prises sur la masse déposée dans la caisse du corps, sur les bons du quartier-maître, d'après l'état fourni par le chef de compagnie, et visé par le capitaine commandant le bataillon.

XX. Il sera formé, dans chaque bataillon, un conseil d'administration, composé de deux officiers et du plus ancien maréchal-des-logis.

XXI. Le conseil d'administration du parc est chargé de vérifier tous les ans les comptes arrêtés par les conseils d'administration des bataillons.

Nombre de chevaux et mulets d'artillerie nécessaires pour nos armées.

	Chevaux		Mulets.
	de trait.	de selles.	
190. On voit par l'état du parc d'artillerie d'une division d'infanfanterie (état n.° 2), que ce parc seul exige 387 chevaux, dont 352 de trait et 35 de selle à raison d'un dixième (*aa*), ce qui donne pour les 24 divisions de l'armée 8,448 chevaux de trait et 844 de selle	8448	844	
191. Il faut le même nombre de chevaux au parc, puisqu'il a autant de bouches à feu approvisionnées et attelées que les 24 divisions de l'armée, ci.	8448	444	
192. Et autant dans les dépôts mobiles en arrière du parc, ci. . .	8448	444	
193. J'ajouterai 50 mulets de bât au parc pour chaque division d'infanterie, portant continuellement des munitions en caisses, du parc aux divisions, pour remplacer les consommations journalières; ce qui fera 1200 mulets pour les 24 divisions, ci. . . . . . , .			1200
194. Et 120 chevaux de selle, à raison de 10 par 100 chevaux ou mulets..		120	
195. Il faudra aussi pour chaque division d'infanterie, 50 mulets de bât dans les dépôts mobiles en arrière du parc, portant de même, nuit et jour, des munitions à ca-			
	25,344	2652	1200

	CHEVAUX DE TRAIT.	CHEVAUX DE SELLES.	MULETS.
D'autre part,	25,344	2652	1200
non et d'infanterie de ces dépôts au parc, en remplacement de celles qu'il enverra aussi sans interruption aux divisions agissantes, ci.		120	1200
196. Ajoutez qu'en arrière des dépôts jusqu'à la frontière, et en avant du parc jusqu'aux divisions, on aura, comme je l'ai observé (art. 67), les chevaux et voitures du pays, et la poste.			
Passons au calcul des chevaux nécessaires pour l'artillerie des réserves de cavalerie.			
197. Suivant l'état n.° 3, il faut 132 chevaux de trait et 13 de selle pour le parc d'artillerie d'une réserve de cavalerie ; ce qui donnera pour les douze réserves jugées nécessaires pour l'armée, 1584 chevaux de trait, et 156 de selle, ci.	1584	158	
Autant au parc pour les douze réserves de cavalerie, ci. . . .	1584	158	
Et autant dans les dépôts mobiles en arrière du parc, ci. . .	1584	158	
198. J'ajouterai encore 2400 chevaux de trait, et 240 de selle, à raison du dixième en sus pour les petits équipages de pièces de 16, etc., qui doivent marcher			
	30,096	3246	2400

avec.

	CHEVAUX DE TRAIT.	CHEVAUX DE SELLE.	MULETS.
D'autre part,	30,096	3246	2400
avec les armées (art. 96 et suiv.); et pour les grands équipages de siége qui peuvent avoir lieu pour quelques-unes d'elles (art. 103). Ce nombre sera suffisant, parce que, comme je l'ai déjà dit (art. 162), toutes nos armées n'auront pas toutes à-la-fois des siéges à faire; que les divisions assiégeantes prêteront une partie des chevaux de leur canon de campagne pour ces siéges; et que les chevaux et les bœufs du pays seront employés à approvisionner les batteries de siége à mesure des consommations, ci.	2400	240	
Totaux.	32,496	3486	2400

Nota. Une observation à faire, c'est que dans les convois de munitions portées à dos de mulets, pour les divisions d'infanterie, un soldat du train de l'artillerie conduira trois mulets; ce qui, sur les 2400 mulets mentionnés à l'article ci-dessus, n'exigera que 800 soldats du train. Il faudra néanmoins avoir les 1200 qui seraient nécessaires pour 2400 chevaux de trait, afin qu'il reste 400 soldats du train à répartir dans les parcs d'artillerie des 24 divisions d'infanterie de l'armée; dans ceux des 12 réserves de cavalerie, au parc général, et dans les dépôts en arrière, de manière que, par-tout, les remplacemens des soldats du train, tués ou blessés, etc. se fassent sur-le-champ.

5

199. Ainsi il faudra pour les équipages d'artillerie de l'armée.

Chevaux de trait	32,500
Mulets de bât	2,400
Chevaux de selle	3,486

Ce qui donnera au total 38,380, tant chevaux de trait et de selle, que mulets de trait et de bât pour les équipages d'artillerie de toutes nos armées ; ci. .... 38,386.

200. Et pour chacune de nos six principales armées :

Chevaux de trait	5,420
Mulets de bât	400
Chevaux de selle	581
Total des animaux	6,401

201. Suivant les états du parc d'artillerie de l'armée d'Italie que j'ai communiqué au comité ; ce parc avait à l'époque du traité de Campo-Formio, près de 6,000 chevaux ou mulets. Il en eût fallu 7,000 pour rendre cet équipage bien complet ; et les ordres étaient donnés aux entrepreneurs de les fournir : d'où l'on voit que le calcul que je présente ici, est plutôt au-dessous du besoin qu'au-dessus.

202. *Nota.* On n'a pas porté au nombre des chevaux de selle ci-dessus, ceux nécessaires pour les officiers employés à l'inspection et surveillance des bataillons du train d'artillerie ; parce que ces officiers devront se fournir eux-mêmes les chevaux dont ils auront besoin pour leur service.

203. Je n'ai pas fait mention non plus des mulets nécessaires pour les équipages de montagne détaillés dans l'état N.º 4, parce que toutes nos armées ne sont pas dans le cas d'avoir besoin de ces équipages, lesquels d'ailleurs exigeront peu de mulets pour chacune des armées qui pourront être dans le cas de les employer.

204. J'estime qu'il suffira de donner à chacune de ces armées, 200 mulets de plus pour son équipage de montagne ;

parce que, de 36 bouches à feu formant chacun de ces équipages, il suffira que les douze combattantes et les douze du parc aient les mulets de trait et de bât qui leur seront nécessaires, vu que dans les cas extraordinaires où l'on serait obligé de faire marcher les douze des dépôts, on y emploierait les mulets ordinaires de la division, dont les 36 bouches à feu de campagnes des calibres ordinaires n'auraient pu suivre les troupes dans les montagnes et reposeraient par conséquent au parc, jusqu'à ce que les difficultés locales eussent été franchies par l'artillerie de montagne, et que cette dernière pût rentrer au parc.

205. Quant aux canonniers nécessaires pour ces équipages de montagne, momentanément employés, ils seront ceux mêmes de la division de campagne reposante ; et l'on pourra d'ailleurs y ajouter au besoin quelques escouades prises sur les compagnies d'artillerie à pied que j'ai dit à l'article 154 devoir être attachées au parc pour les besoins extraordinaires de l'armée. Ces secours seront sur-tout nécessaires, lorsque pour certains passages de montagne on sera obligé de faire porter les pièces à bras d'homme, au moyen du levier brisé, et des leviers portereaux, comme, en 1769, j'ai souvent été obligé de le faire en Corse.

Nombre de soldats du train d'artillerie nécessaires pour chacune de nos six principales armées.

206. Des 6401 chevaux ou mulets nécessaires pour chacune de nos six principales armées, déduisant le dixième pour les chevaux de selle (voyez la note *aa*), restera 5761 chevaux de trait ou mulets de bât, employés au service du canon ou aux transports des effets de l'artillerie ; lesquels 5760 animaux exigeront, pour chacune desdites six armées, 2880 soldats du train, à raison d'un pour conduire deux chevaux ou mulets.

Achat des chevaux; administration et emploi des équipages d'artillerie.

207. En ce qui concerne l'achat des chevaux et mulets destinés au service des équipages d'artillerie de chaque armée ; à la reprise à faire par la République de ceux encore appartenant aux compagnies ci-devant chargées de ce service, et à l'administration et emploi de ces équipages, soit pendant la guerre, soit à l'époque du désarmement, les mesures prises par le gouvernement pour assurer le service des armées, sur tous ces objets, sont consignés dans l'arrêté des Consuls de la république, du 14 pluviôse dernier, que j'ai annoncé à l'article 187, et dont la teneur suit.

ARRÊTÉ DES CONSULS DE LA RÉPUBLIQUE,

Du 14 pluviôse an 8.

Relatif à la reprise des équipages d'artillerie dans toute la république.

208. Art. I.er Les chevaux destinés au service des équipages d'artillerie appartiendront dorénavant à la république, et seront entretenus à ses frais.

II. La reprise des équipages aura lieu dans toute la république au 1.er germinal prochain. Le ministre de la guerre est chargé de régler les conditions de cette reprise.

III. L'administration de l'équipage de chaque armée sera confiée au conseil d'administration du grand parc d'artillerie; il sera chargé de pourvoir à l'entretien des chevaux et harnais, et à leur remplacement.

IV. Les conseils d'administration des bataillons du train d'artillerie auront, sous l'autorité du conseil d'administration du parc, la surveillance des équipages, et seront chargés des détails de l'entretien.

Les conseils seront présidés par un capitaine d'artillerie,

qui sera nommé par le général d'artillerie, et qui leur restera attaché pendant toute la campagne.

V. Les chevaux d'artillerie seront nourris aux frais de la république; la dépense en sera réglée comme pour les chevaux de la cavalerie.

VI. Il sera accordé une somme de cinq francs par mois et par cheval, pour l'entretien et le renouvellement des harnais, le ferrage et les médicamens.

VII. Il sera établi une masse pour le remplacement des chevaux morts ou tués : cette masse sera fixée à soixante francs par cheval et par an, au complet de l'équipage.

VIII. Les sommes accordées par les articles précédens, seront déposées dans la caisse du parc, d'une manière distincte, et confiées à la surveillance du conseil d'administration, qui pourra seul ordonner de leur emploi.

IX. Le conseil d'administration du grand parc d'artillerie choisira, lorsqu'il y aura lieu, les officiers du train qu'il croira les plus propres à l'achat des chevaux nécessaires à l'équipage.

X. Le compte des dépenses résultant de l'achat et de l'entretien des chevaux, sera rendu, à la fin de chaque année, par le conseil d'administration du parc, de la même manière que celui des autres dépenses de l'artillerie.

XI. A l'époque du désarmement, il sera réservé mille chevaux pour le service des écoles et principaux établissemens d'artillerie; le surplus sera réparti dans les campagnes, par les ordres du ministre de la guerre, et confié à des cultivateurs aux moyens et conditions ci-après.

XII. Il sera ouvert un registre à l'administration de chaque département. Celui qui voudra se charger d'un cheval se fera inscrire.

XIII. Chaque individu, en recevant un cheval, contractera l'engagement formel de le représenter, ou un semblable, de même qualité et de même valeur, toutes les fois qu'il en sera requis.

XIV. Celui qui recevra un cheval sera tenu de fournir une caution.

XV. Tout citoyen qui ne pourra représenter le cheval qui lui aura été confié, ou un autre équivalent, sera tenu de donner en remplacement une somme de cinq cents francs, au paiement de laquelle il sera contraint par corps, ainsi que sa caution.

XVI. Il y aura un officier du train d'artillerie dans chacun des départemens où les chevaux seront répartis.

Il fera la revue et l'inspection de ces chevaux plusieurs fois l'année, en constatera l'état, et dénoncera à l'inspecteur général du train, les cultivateurs qui ne seraient pas en règle.

XVII. Tout officier du train d'artillerie qui négligerait de rendre le compte demandé dans l'article précédent, sera destitué.

XVIII. Il y aura un inspecteur général du train pour plusieurs départemens ; il aura la surveillance supérieure sur cinq mille chevaux, et sera toujours considéré comme le chef de l'équipage ; il recevra les comptes des officiers particuliers, et s'adressera aux administrations centrales pour faire faire les poursuites nécessaires contre les dépositaires des chevaux, qui seraient en contravention avec le présent réglement.

XIX. Cet inspecteur général correspondra avec le premier inspecteur du corps de l'artillerie, et lui rendra tous les comptes qui lui seront demandés.

XX. Il sera, chaque année, pris sur les fonds de la guerre une somme de trois cent mille francs, destinée à donner des récompenses à ceux des cultivateurs qui tiendront aux ordres du gouvernement les chevaux les meilleurs.

XXI. Les primes seront payées sur les ordres du Ministre de la guerre, sur le compte qui lui sera rendu par le premier inspecteur du corps de l'artillerie.

TROISIÈME PARTIE.

Plan d'organisation de l'école des élèves de l'arme de l'artillerie.

CHAPITRE PREMIER.

Sciences dont la théorie et la pratique seront enseignées aux élèves de l'artillerie.

209. PARMI les sciences élémentaires de l'artillerie, celle des mathématiques sera particulièrement enseignée aux élèves de l'artillerie ; et pour que ces jeunes gens s'y attachent par l'attrait de l'utilité, on les fera, comme je l'ai dit à l'art. 143, continuellement passer de la théorie de cette science abstraite aux applications les plus intéressantes de ses principes, aux constructions, fabrications et manœuvres de tout genre qui constituent essentiellement l'officier d'artillerie.

Les jours consacrés à la pratique seront employés à lever des plans, soit avec des instrumens et en suivant les méthodes ordinaires, soit à vue, comme on est obligé de le faire à la guerre ; à exécuter des nivellemens, et à les rapporter à un plan déterminé.

A projetter une fortification sur un terrain donné, et à en tracer les coupes ou les profils dans tous les sens où il sera essentiel de connaître la différence du terrain naturel au projet, pour en conclure les déblais et les remblais qu'occasionnera l'exécution de l'ouvrage demandé.

Enfin à composer attentivement des projets d'attaque et de défense des mêmes places

La science des mines, cette arme souterraine qui fut toujours si redoutable dans les mains des Delorme, des Valiere, et des Gribauval, tient trop essentiellement à l'instruction à donner aux officiers de l'artillerie et du génie, pour ne pas faire partie de leur éducation.

Le Polygone sera sur-tout un des champs d'instruction les plus fréquentés par les élèves de l'artillerie ; ils s'y exerceront au tracé et aux constructions des batteries, au tir du canon et au jet de la bombe. On ne se bornera pas à leur montrer la théorie de ces différens exercices, ils les exécuront eux-mêmes.

Passant du Polygone à l'arsenal, ils y appliqueront les principes dos mécaniques aux machines de l'artilletie : on n'y remuera pas un fardeau, que le professeur ne fasse remarquer aux élèves le genre de levier employé ; il le fera voir, même dans les manœuvres qui se font sans engeins et à bras ; car l'homme agissant seul, l'homme que Buffon appelle un instrument intelligent, est le plus grand, le plus puissant de tous les leviers, dans la main de celui qui sait l'employer.

Je voudrais aussi que tous les ans on envoyât tour-à-tour un certain nombre d'élèves d'artillerie dans un des grands ports de la République, où ils s'exerceraient aux manœuvres que les marins emploient pour embarquer ou débarquer les canons par les sabords des vaisseaux ; mâter et démâter les bâtimens de quelque grandeur qu'ils soient ; et en général mouvoir et transporter les corps les plus lourds, par des moyens dont la simplicité étonne. Ces moyens, qui ne consistent qu'en quelques moufles, des poulies de retour, et des palans, seront toujours très-utiles à l'artillerie, sur-tout dans les montagnes. D'ailleurs, quelle école plus savante pour les constructions de tous genres, que celles de la marine; et combien il y a à gagner à les étudier.

L'architecture civile et militaire doit faire aussi partie des études de l'élève de l'artillerie. On lui montrera à distinguer les ordres, dans les proportions desquels il devra puiser les différens genres d'expressions qui conviendront aux bâtimens à l'usage de son arme, qu'il pourra être obligé de projetter et de faire construire. Les façades d'une fonderie, d'un magasin, d'une école de jeunes élèves, ne doivent pas être les mêmes; car rien n'est synonime en architecture; et chaque édifice, quelque peu important qu'il soit, a un genre de décoration qui lui est propre.

Mais si l'on doit s'attacher à différencier l'ordonnance d'architecture des bâtimens, suivant l'usage auquel ils sont destinés, il est plus essentiel encore d'apprendre à les construire solidement. Ainsi la coupe de la pierre, l'appareil, la pose, le ragréement, seront montrés avec un soin particulier aux élèves de l'artillerie.

Et sur un objet aussi important, on ne s'en tiendra pas à leur donner des principes théoriques, mais on exigera qu'ils les mettent en pratique. Ils composeront, comme on le fait à l'école des ponts et chaussées, des projets de portes, d'arceaux et de voûtes non ordinaires, mais présentant des difficultés à vaincre. Ces modèles devant se faire en petit, et avec des pierres de plâtre aisées à couper, l'élève, après avoir tracé le plan, l'élévation, et les principales coupes de son projet, fera séparément l'épure et la projection de chaque pièce, claveau en voussoir, qu'il sera obligé d'employer, sous quelque face qu'on puisse les considérer, dans la construction projettée.

Ces différens traits arrêtés, et soumis à l'examen du professeur, l'élève taillera chaque pièce, la posera, la ragréera; et il faudra qu'elle convienne parfaitement au vide ou enveloppe que formeront autour d'elles les autres pièces environnantes; en un mot qu'elle soit faite pour sa place, comme sa place pour elle.

Ce travail est porté, à l'école des ponts et chaussées, à une beaucoup plus grande perfection que je ne puis le dire dans cet Essai, où j'indique à peine ce que j'ai vu et exécuté moi-même dans cette excellente école, où j'ai fait, avec le célèbre Péronnet, un cours complet de toutes les opérations pratiques auxquelles il exerçait ses élèves; j'avais auparavant suivi un cours d'architecture avec le moderne Blondel, non de la force de celui auquel nous devons le chef-d'œuvre de la Porte S.-Denis ; mais d'une grande réputation, et le premier qui ait enseigné à employer les ordres suivant le caractère de richesse ou de simplicité de chacun. Or ce que j'ai été obligé d'apprendre avec des instituteurs aussi rares, et dans des écoles différentes, je voudrais qu'on le réunît dans une seule, où les élèves de l'artillerie et du génie trouvassent tous les genres d'instruction qui leur sont nécessaires.

Je ne parlerai pas de l'art de faire les épuisemens et de bâtir sur pilotis, avec la précaution de mettre toutes les têtes des pilots à la même hauteur, au moyen d'une scie qui va les chercher au fond de l'eau, pour niveller, ou horizontaliser, s'il est permis de s'exprimer ainsi, l'assiette des grillages sur lesquels doivent reposer les fondations d'un bâtiment qu'on est obligé de construire dans des marais ou au milieu des eaux. Il n'est personne qui ne sente que les précautions à prendre pour la solidité de ces édifices, doivent être d'autant moins négligées par les officiers d'artillerie et du génie, qu'ils sont très-souvent dans le cas d'en faire usage; car l'artillerie, par exemple, a des forges, des fonderies, des moulins à poudre, des manufactures d'armes ; ce qui suppose des usines à fonder au bord des rivières ou sur des rivières. De là, des constructions de digues, de canaux, de ponts, d'acquerducs, de bassins, d'écluses, etc. Il faut donc savoir fonder ces ouvrages.

Il peut être avantageux de faire entrer les eaux d'une rivière dans le sein d'un arsenal, et de les y retenir pour des usines à l'usage de l'artillerie ; comme le général Gribeauval l'a fait dans le retranchement de guise à Metz ; comme je l'ai proposé pour l'arsenal de Bayonne, que j'ai bâti, en partie, pendant la guerre, et dont les plans sont au bureau de la guerre; comme j'ai dessein de le proposer pour l'arsenal de Rennes, dont j'ai fait lever les plans, et niveler les eaux environnantes, pour procurer à cet établissement, et la facilité de recevoir dans son sein les fers, les bois et autres matériaux nécessaires à ses constructions, et l'avantage si précieux pour tout établissement de ce genre, de pouvoir charger à couvert, et pour ainsi dire sans travail, les bâtimens de transport pouvant arriver jusqu'aux pieds de ses magasins.

Je ne pousserai pas plus loin ces détails sur les constructions des bâtimens que les officiers d'artillerie peuvent être dans le cas de projetter et de faire exécuter. J'ajouterai seulement, pour completter cette partie de l'instruction à donner aux élèves de l'artillerie, qu'il sera particulièrement essentiel de leur faire aussi connaître les principes d'après lesquels on calcule les poussées des voûtes, celles des constructions faites en terre, celles des tertrasses, etc.; et les moyens non-seulement d'équilibrer ces poussées, mais d'en empêcher, ou pour mieux dire, d'en annuller les effets.

Enfin on apprendra aussi aux élèves de l'artillerie, la coupe de la charpente, et comment on lui donne des formes simples, mais solides; parce que le bois, au lieu d'y être multiplié sans besoin, et souvent en porte-à-faux, y est employé dans le sens de sa force, et portant réellement.

Et puisqu'il est ici question des bois, c'est l'occasion de dire que l'officier d'artillerie doit en connaître la nature, et en avoir étudié les propriétés, pour les ouvrages qui tiennent encore de bien plus près à son métier, que ceux dont je viens de parler, tels que les constructions des affûts, des caissons, et en général des attirails sans nombre que l'artillerie entraîne nécessairement après elle. Il faut que le professeur mene l'élève dans les forêts, pour lui faire voir, dans une espèce quelconque d'arbres; de chênes, par exemple, celui qu'on ne doit pas prendre, et celui qu'il faut faire couper et conduire en grume à l'arsenal. De là, il lui fera voir dans les ateliers, sur quelles dimensions on ébauche ces bois, et les proportions près du fini qu'on leur donne, lorsqu'ils ont un certain degré de sécheresse, pour les employer sans perte et accélérer l'ouvrage. Il existe dans l'artillerie d'excellens mémoires manuscrits sur cette partie d'instruction si nécessaire à tout officier d'artillerie. Ces mémoires seraient infiniment utiles à l'école des élèves.

L'étude des propriétés des métaux qui entrent dans la

composition du canon, doit aussi être exigée des élèves d'artillerie. Les professeurs, après leur avoir fait connaître les affinités de ces métaux, et les proportions suivant lesquelles ils doivent s'allier pour la solidité et la durée des bouches à feu, leur feront faire, à la fonderie même et dans une fonte faite exprès pour eux, l'application des leçons de théorie qu'il leur auront données sur cette partie de la métallurgie si intéressante pour l'officier d'artillerie. Les détails de la manutention ne lui échapperont pas non plus, tels que la meilleure forme à donner aux fourneaux pour accélérer la fonte des matières, conserver le métal dans son bain, l'empêcher de brûler, etc. Ils feront aussi connaître aux élèves les matières propres à faire les moules, et les soins que ce travail exige. Je ne parle pas des machines à forer et tourner les canons, parce qu'on les aura vues en parcourant les machines.

Aucun corps militaire, excepté la marine, n'emploie autant de fers forgés ou coulés, et sous des formes plus variées, que l'artillerie. Ce corps doit donc connaître les procédés de la fabrication du fer, et les suivre depuis l'extraction de la mine jusqu'au fourneau, à la forge, à la fenderie, au laminoir, etc.

Je n'ai pas parlé du talent du dessin, parce qu'il n'est personne qui ne sente combien il est nécessaire à l'officier d'artillerie, soit pour rendre les plans qu'il est souvent obligé de lever, soit pour représenter les élévations et les coupes des bâtimens qu'il peut être dans le cas de projetter, soit enfin pour dessiner les machines existantes dont il veut se rendre compte, ou représenter celles qu'il compose et dont il doit donner une idée exacte. Pour ce dernier genre de dessin, l'élève doit sur-tout connaître les règles de la perspective et des ombres.

Manœuvres de l'artillerie par rapport à celles des armées.

210. On montrera aux élèves de l'artillerie les manœuvres des troupes et celles des armées, parce que dans les batailles,

l'artillerie doit suivre les mouvemens des troupes, et se placer pour les défendre.

Ils s'exerceront donc avec un soin particulier à reconnaître, sur un terrain qu'on supposera occupé par deux armées, (l'une à combattre, l'autre à défendre,) des positions de batteries couvrant les mouvemens de l'armée amie, et contrariant ceux supposés les meilleurs de l'armée ennemie. Ils seront conduits dans ces reconnaissances par des officiers du corps, nourris d'expériences, et qui aient pour ainsi dire vieillis dans les armées. L'école étant placée, comme je le suppose, dans une des grandes garnisons de l'artillerie; à Metz par exemple, ce sera un tour de service pour les officiers supérieurs de cette arme qui se trouveront employés dans cette place, de diriger les élèves qui seront désignés par le commandant de l'école, pour faire ces reconnaissances avec eux.

D'ailleurs les commandans de l'école seront eux-mêmes choisis parmi les officiers du corps qui seront reconnus pour être les plus instruits dans la théorie et la pratique de cette arme, et qui auront les qualités morales à désirer dans tout militaire, étant de la gloire du premier corps de l'armée, de former à-la-fois le cœur et l'esprit des jeunes gens, sa plus belle espérance, qui devront un jour le renouveler, et propager ses talens et ses vertus, source de tous les succès.

Ces reconnaissances de positions de batteries sur des terrains supposés occupés par des armées agissantes, seront souvent exigées des élèves, et toujours sur des champs de bataille différens ; car il faut que le jeune artilleur sache que, nul ne peut tirer avantage du canon, s'il ne sait le placer ; et c'est, sans contredit, ce qui exige le plus d'habitude de bien voir, et de vrai talent dans l'officier d'artillerie.

En effet avec quelle intelligence, ou pour mieux dire, quelle supériorité de vues, un général d'artillerie ne doit-il pas, un jour d'affaire, choisir les positions de ses batteries, puisqu'elles doivent avoir le double objet de couvrir les mouvemens de l'armée à défendre, et de chercher le côté faible de l'ennemi, pour rompre, s'il se peut, son ordre de bataille :

mais considérons les batteries de position sous une acception encore plus générale.

J'ai dit, (art. 83) qu'une armée en bataille était un front de fortification dont les batteries étaient les bastions, et les troupes les courtines.

J'ai fait remarquer, en développant cette idée, que dans le cours d'une affaire, les troupes ou courtines du front de fortification idéale pouvaient souvent changer de position, et qu'il fallait que l'artillerie les suivît, etc. ; donc, en ai-je inféré, le front de fortification que présente une armée en bataille, est mobile et changeant, etc.

Donc, dans le feu d'une action, un général d'artillerie doit avoir les positions des deux armées et du terrain si bien présentes, que calculant tous les changemens possibles de position des deux armées relativement l'une à l'autre, il puisse assigner la suite des mouvemens correspondans à ceux de l'armée qu'il fera faire à l'arme que l'expérience lui a appris à manier ; observant de placer toujours l'artillerie par rapport à l'infanterie, de manière qu'après chaque mouvement fini de ces deux armes, le nouvel ordre de bataille présente toujours le meilleur front de fortification possible, par rapport aux deux armées et au terrain.

Donc l'officier d'artillerie-génie ou de génie-artillerie (car je vais désormais supposer les deux corps réunis, comme les besoins du service le demandent impérieusement) ; l'officier d'artillerie, dis-je, doit être fortificateur dans la plus grande acception du terme. Quelle différence, en effet, de composer, dans le cabinet, un projet de fortification sur un terrain donné, dont on a sous les yeux les plans, les nivellemens et les coupes, dans tous les sens où il est nécessaire de les connaître, pour déterminer la meilleure défense possible d'une place, relativement au terrain sur lequel elle est assise, et à ses alentours : quelle différence, dis-je, de fortifier ainsi, dans le calme du cabinet, des objets fixes, ou de fortifier sur un champ de bataille, et souvent à travers la flamme et l'orage, des lignes mobiles d'hommes, qui ne se placent pas toujours comme on le voudrait ; mais qu'il n'en faut pas moins défendre, quelque position que l'ivresse des succès, ou la peur d'une défaite leur ait fait prendre? La différence est de fortifier de sang-froid, ou de génie; et d'avoir, s'il est permis de s'exprimer ainsi, une tête inépuisables en combinaisons, puisqu'il faut profondément connaître toutes celles dont la fortification mobile et changeante est susceptible, pour, dans le vague des possibles, toujours choisir la disposition d'artillerie à préférer, ou pour mieux dire, l'unique à saisir, puisqu'il ne peut y en avoir qu'une qui soit la meilleure.

La guerre est un jeu d'échecs, ou le mieux combinant ne gagne la partie que par les positions qu'il prend, ou pour mieux dire, par celles qu'il sait faire prendre à son adversaire, pour le conduire à sa perte. Il faut même qu'il joue si bien, qu'ayant fait faire une faute à son ennemi, il soit sûr de le faire mât au seul point où devront aboutir les deux chaînes de combinaisons de coups supposés les meilleurs possibles, de part et d'autre, à partir de la faute faite; sauf en guerre les événemens imprévus, qui mettent tout-à-coup l'art en défaut.

Artilleurs, ne vous trompez donc jamais sur les emplacemens des batteries de position, les jours d'affaires; car une faute une fois faite dans une série de mouvemens d'artillerie, dont un seul n'est point correspondant à celui de l'infanterie, fait perdre un bataille; comme une seule fausse combinaison dans une partie d'échecs, la fait également perdre; parce qu'en supposant, comme je viens de le dire, qu'à partir de la faute faite par l'un des deux joueurs, ils n'en fassent plus, ni l'un ni l'autre, et que chacun joue toujours le meilleur coup possible relativement à sa position et à celle de son adversaire, il n'y aura pas de raison pour que la faute faite, ne soit pas contre celui qui l'aura faite.

Je reviens à l'officier d'artillerie.

L'officier d'artillerie, ai-je dit, doit avoir si bien reconnu le champ de bataille avec le général en chef, qu'il puisse prévoir tout les mouvemens qu'il pourra être dans le cas de faire faire à l'artillerie, à raison de ceux de l'armée: J'ajoute que la veille, ou au moment d'une affaire, il doit être en état de dire au général :

« Voilà les positions que l'ennemi peut prendre : Je sup« pose qu'il prenne celle A, la meilleur pour lui. Voici » celles que devront prendre nos troupes, par la raison que » les batteries de position, formant les bastions de votre front » de fortification idéale, seront nécessairement placées aux » points B, C, etc., les seuls à choisir pour soutenir l'armée » et forcer l'ennemi à prendre la position D, la plus mau» vaise du damier, et qui lui fera nécessairement perdre la » partie.

« Si vous obtenez cet avantage, ce qui vous fera marcher » en avant, vous prendrez la position F, parce que mes bat» teries ne pourront prendre que celles G, H, etc., pour » que votre ligne de bataille présente toujours le meilleur » front de fortification possible, relativement à la position » de l'ennemi et au terrain.

« Si, au contraire, par une suite des hasards de la guerre, » qui donnent quelquefois la victoire à ceux qui ont les plus » mal combiné, l'ennemi nous force à rétrograder, il faudra » que l'armée vienne aux points I, K, etc., parce que les » point L, M, etc., où je porterai mes batteries, sont » les uniques à prendre pour l'artillerie, ou, ce qui est de » même, pour les bastions de votre front de fortification. »

Or, quel coup-d'œil, quelle pratique des mouvemens des armées, et quelle habitude de les juger, ne faut il pas avoir, pour saisir avec justesse, dans le feu d'une action, les meilleures positions à donner à cette suite de front de fortification qui se succèdent aussi rapidement que les mouvemens d'une armée ; suite dont la trace ne peut exister dans la tête de l'artilleur, que par des lignes mathématiques continuellement changeantes ; suite enfin, qui, à chaque nouvelle potition de l'armée à défendre, doit toujours présenter le meilleur système possible de défense, relativement à l'infanterie et à l'artillerie, quelqu'aient été les mouvemens de ces deux armes, dont on sent bien que ceux de la première ont toujours

toujours déterminé ceux de la seconde, quoique pour le mieux il eût fallu le contraire.

Je dis qu'il eût fallu le contraire : Ici se présente une autre question, suite de la première, qu'il est intéressant au moins d'énoncer.

Lorsqu'il s'agit de mettre une armée en bataille, ou, ce qui est le même, de déterminer les positions des troupes et celles des batteries d'où peuvent dépendre les meilleurs moyens possibles d'attaquer ou de se défendre, il n'est pas douteux que l'artillerie doit se placer la première, et l'infanterie venir ensuite remplir les intervalles d'une batterie à l'autre, comme les positions des courtines d'une fortification doivent nécessairement être déterminées par celles des bastions, la partie protégeante devant toujours se placer la première, et la protégée venir se mettre sous la protection de celle qui doit la défendre. C'est en effet ce qui arrive lorsqu'on compose, comme je l'ai dit plus haut, un projet de fortification dans le cabinet, parce que là les différentes parties du système adopté viennent, sous le compas du géomètre, se ranger comme d'elles-mêmes dans les places que l'art leur a assignées; et c'est aussi ce qui se passe pour la première mise en bataille d'une armée; parce qu'alors, rien n'étant encore en mouvement, le général d'armée et celui de l'artillerie ont la liberté de choisir les positions qui conviennent aux deux armes (infanterie et artillerie) qui doivent composer le front de fortification idéal.

Mais l'armée se bat, et alors, comme je l'ai observé plus haut, les lignes d'infanterie qui sont les courtines du front de fortification mobile, changent de position les premières, parce qu'on ne peut arrêter ni la victoire qui veut toujours aller en avant, ni la peur qui se précipite en sens contraire. De-là, comme je l'ai fait aussi remarquer, la difficulté de fortifier dans le feu d'un combat, des lignes d'hommes continuellement en mouvement, puisqu'alors les changemens de position des parties qui composent le front de fortification, se font dans le sens inverse de celui où ils devraient se faire; les troupes, qui sont les courtines, se plaçant avant les bas-

6

tions, ce qui oblige le fortificateur d'adapter, comme il peut, au front des troupes, des batteries qu'il aurait mieux placées, s'il avait été le maître des mouvemens de l'infanterie.

Artilleurs, vous voyez maintenant les difficultés que présente l'emploi raisonné de l'artillerie dans la guerre de campagne, puisqu'il n'y a réellement que dans la première mise en bataille d'une armée, que ses généraux soient sûrs de pouvoir placer l'artillerie et l'infanterie l'une par rapport à l'autre; et que dans la suite des mouvemens d'une affaire, les troupes peuvent prendre de fausses positions par rapport à l'artillerie, comme par rapport à elles-mêmes; et qu'alors les courtines de front idéal étant mal placées, les bastions courent risque de l'être aussi, hypothèse dans laquelle il vous sera toujours très-difficile d'appliquer l'artillerie, même le moins mal possible, à des positions d'infanterie mal prises.

J'ai cru devoir entrer dans ces détails, pour que les élèves et les jeunes officiers d'artillerie sentent la nécessité de s'exercer souvent à déterminer les positions des batteries dont je fais ici un des principaux objets de leur instruction.

Pour que ces exercices obtiennent à l'école des élèves, le succès qu'on en doit attendre, ces jeunes artilleurs seront partagés en deux bandes; les officiers qui dirigeront l'instruction, conviendront de l'ordre de bataille des deux armées supposées agissantes sur le même terrain. Cette disposition faite et expliquée aux élèves, une bande sera attachée à une armée, et déterminera les positions de ses batteries; l'autre fera la même opération pour l'armée opposée.

Les positions des batteries déterminées, les officiers les parcoureront toutes avec les élèves, et examineront si le feu de telle batterie, par exemple, flanque les troupes dont elle doit couvrir les mouvemens; si telle autre prend l'ennemi d'écharpe comme elle devrait le faire; si cette troisième, qui a dû être établie pour empêcher un secours arrivant à l'ennemi de déboucher et de se former sur tel ou tel point, remplit son objet, etc. Ces questions seront discutées avec la plus grande attention, et les élèves qui se seront trompés sur les emplacemens de leurs batteries, travailleront à les rectifier, et reviendront à ces exercices jusqu'à ce que leur instruction sur cet objet ne laisse plus rien à désirer.

Cette première leçon donnée, on changera les dispositions des deux armées, et chaque bande d'élèves choisira de même les emplacemens des nouvelles batteries relativement aux mouvemens faits ; mêmes examens de la part des officiers qui dirigeront l'instruction, et mêmes efforts de celle des élèves pour mieux faire.

Enfin le commandant de l'une A des deux armées, la supposant repoussée, fera prendre aux troupes, ou courtines de son front de fortification idéal, une position désavantageuse par rapport à celle de l'ennemi, et peu propre à être soutenue par l'artillerie ; tandis que le commandant de l'armée B, profitant des faux mouvemens de la première, prendra contre elle une position qui réunisse les avantages qu'il tirera de la faute de son adversaire et des dispositions du terrain.

Dans cette seconde supposition, il faudra que les élèves s'étudient à placer leurs batteries le plus avantageusement possible, par rapport à celle des deux armées qu'ils chercheront à soutenir ; les défenseurs de celle B, par exemple, chercheront à achever de culbuter celle A ; et ceux qui soutiendront cette dernière, feront tous leurs efforts pour empêcher sa déroute, et la mettre, s'il se peut, dans le cas de rengager avantageusement le combat, et de vaincre au moment d'être vaincue. Une seule batterie bien placée suffit souvent pour rétablir une affaire désespérée, et arracher la victoire des mains de celui qui croit qu'elle ne pourra lui échapper. Cette leçon sera sur-tout une de celles qu'on aura soin de donner aux élèves. Tout aura été préparé pour cet exemple : car il est bien entendu qu'on aura parfaitement reconnu le terrain, puisque la leçon donnée ne vaudrait rien, si les localités la démantaient.

Les officiers directeurs de l'instruction ne changeront pas toujours eux-mêmes les dispositions des deux armées. Ils en chargeront tour-à-tour les élèves, à mesure que ces derniers montreront plus de capacité et d'intelligence.

Récompenses données aux élèves qui se distingueront dans l'application des principes ci-dessus.

189. Chaque élève au retour de cette leçon, qu'on peut à juste titre appeler théori-pratique (puisque sur le terrain il faudra commencer par expliquer les principes d'une opération avant d'en faire l'application), rendra compte par écrit des mouvemens successifs de l'armée à laquelle il aura été attaché, et des positions qu'il aura fait prendre à son artillerie pour lui assurer la victoire. Ces rapports seront examinés par les commandans de l'école, réunis aux officiers qui auront dirigé l'instruction. L'élève dont le rapport sera le plus exact et le plus précis, sera récompensé; celui qui aura le mieux placé ses batteries, le sera encore davantage; le triomphe complet sera de réunir les deux prix.

Il y aura aussi des récompenses pour ceux qui, dans ces dispositions d'armées et d'artillerie sur des terrains différens, jugeront le plus exactement les distances, et figureront le mieux à vue les mouvemens des deux partis, écueil des plus habiles dessinateurs.

On donnera aussi aux élèves de l'artillerie, des problèmes à résoudre sur l'emploi des eaux pour faire mouvoir les usines, en économisant les fluide, par la perfection des machines, soit que l'eau agisse par impulsion, ou comme poids seulement.

Les prix donnés seront peu de chose en valeur intrinsèque, mais beaucoup en honneur, et c'est tout pour le français, nation sensible, généreuse, et que les moindres éloges, donnés à propos, enflamment, et rendent susceptibles de tout.

Je reviens aux simulacres d'armées, figurés sur le terrain pour l'instruction des jeunes artilleurs.

Comment on figurera sur le terrain deux armées en présence, ou changeant de position, pour l'instruction des élèves de l'artillerie.

190. L'école étant placée à Metz, comme je l'ai dit plus haut, il sera aisé de représenter, dans un des champs d'exer-

cice de la garnison de cette place, des armées en présence ou changeant de position, comme le suppose mon plan d'instruction ; car ces simulacres d'armées, qui ne consistent qu'à indiquer des fronts de troupes, c'est-à-dire des lignes d'hommes, pourront s'exécuter avec quelques compagnies d'une troupe quelconque, dont les soldats seront placés sur un seul rang et à une grande distance les uns des autres, pour garnir beaucoup de terrain avec peu de monde. Au lieu d'hommes on placera des piquets ou jalons, lorsqu'on voudra tirer réellement le canon, et montrer ses effets quand il prend les troupes d'écharpe ou en flanc, etc.

Voudra-t-on faire ces simulacres en grand, rien ne sera plus facile, puisque là on pourra employer des bataillons ou des demi-brigades entières, aux instructions projettées.

Quant aux batteries et aux canonniers nécessaires pour les servir, on aura aussi, dans cette place, bien plus de canon de campagne et de canonniers qu'il n'en faudra pour faire les simulacres en question.

Dans l'examen qu'on fera des dispositions des batteries déterminées par les élèves, la première attention sera sur-tout d'exiger que ces dispositions soient l'application rigoureuse du principe de la fortification idéale, c'est-à-dire, que les troupes étant prises pour les courtines du front de fortification, les batteries figurent les faces des bastions de ce front imaginaire.

On donnera des exemples de ces dispositions, tirés de nos victoires ; et ils seront d'autant plus frappans, que dans une grande garnison, comme celle dont il s'agit ici, il se trouvera des officiers et des généraux de toutes nos armées, qui, ayant été témoins des affaires proposées pour instruction, et y ayant eu part eux-mêmes, feront sentir aux élèves les avantages des dipositions d'artillerie qu'ils auront vu contribuer à nos succès.

La figure ci-après présente l'armée d'Italie en bataille à Castiglionne, le 18 thermidor an 5. Cette belle journée est une de celles que j'ai pris plaisir à citer dans ce mémoire.

AB est l'armée française ; et GH l'armée ennemie.

AC la batterie de 12 pièces d'artillerie à pied, soutenant notre gauche sur les hauteurs en avant de Castiglione ; et BD la batterie de 20 pièces d'artillerie légère appuyant notre droite, qui s'étendait dans la plaine ; batterie dont j'allumai le feu avec votre aide-de-camp Marmont, que j'ai toujours trouvé par-tout où il y avait de la gloire et du danger à partager.

On fera aisément remarquer aux jeunes artilleurs, par le simple tracé du front de l'armée française, que la ligne d'infanterie AB étant prise pour la courtine, les batteries AC et BD figurent les faces des bastions de ce front.

Il ne sera pas difficile non plus de leur faire voir l'avantage de ces deux batteries, croisant leurs feux devant la courtine AB, couvrant par conséquent l'armée amie, et battant obliquement, ou, ce qui est le même, prenant d'écharpe le front ennemi pour le rompre et le mettre en désordre.

Wurmser s'étant prolongé par sa droite de G en I pour observer nos derrières, je pris quelques pièces de la batterie CA pour les placer de C en K, en attendant celles que je tirai du parc ; et je formai la nouvelle batterie CK destinée à suivre le mouvement de l'ennemi.

J'eusse aussi formé sur la droite la baterie DE, si l'ennemi eût tenté le prolongement insidieux HF ; mais tous ses projets furent déconcertés par les vôtres.

Je cite ces exemples pour prouver aux jeunes militaires, que toute armée en bataille, dont les batteries de position sont bien placées, est, comme je l'ai mis en principe dans le cours de ce mémoire, un vrai front de fortification, puisqu'en effet l'ordre de bataille KCABDE (fig. ci-dessus), qui n'a certainement pas eu pour objet ce que j'écris aujourd'hui, est la vraie image de ce front idéal.

On fera aussi voir aux élèves, que les batteries de position ne se placent aux extrémités du front de bataille, comme dans l'exemple que je viens d'en donner, que lorsque ces batteries peuvent croiser leurs feux devant la courtine à défendre; mais que dans le cas contraire, c'est-à-dire lorque le front de l'armée est trop étendu pour que ces batteries extrêmes puissent remplir leur objet (comme je l'ai observé aux articles 77 et 78, dont celui-ci est l'application), alors le front de l'armée doit se partager en deux lignes, AE, FB (fig. ci-après), dont celle de droite appuiera sa gauche, et celle de gauche sa droite, à une double batterie KIL, ou, ce qui est le même, aux extrémités K et L des deux faces KI et LI d'un bastion idéal KIL, placé en avant du centre de l'armée; de manière que les batteries ou faces de bastion AC, KI, croisent leurs feux devant la courtine AE, et celles LI et BD devant celle FB.

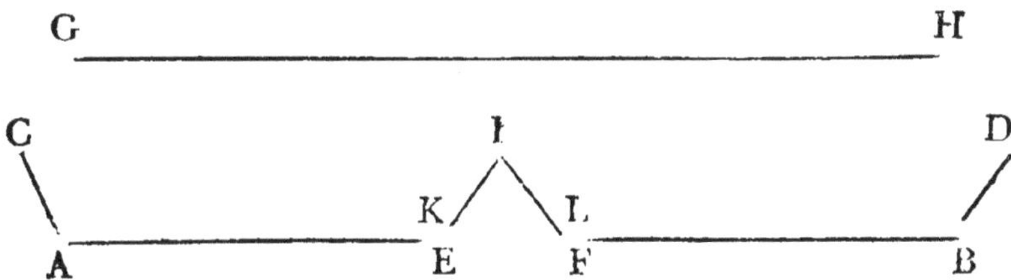

Je ne citerai pas d'autres exemples de ces dispositions de batteries dans les affaires, parce que ceux-ci suffisent pour établir le principe d'après lequel on doit placer l'artillerie qui doit agir avec les armées.

D'ailleurs les commandans de l'école, choisis parmi les officiers d'artillerie qui viennent de faire les campagnes glorieuses qui ont fait tant d'honneur à la France, ajouteront aux exemples que je viens de donner, ceux qu'ils croiront les plus propres à développer les idées que je ne puis présenter ici qu'en grand. Ils recueilleront aussi des généraux et des militaires instruits dans les différentes armes, des mémoires et des plans de bataille dont les dispositions puissent frapper les jeunes gens ; ils feront aussi remarquer les dispositions d'artillerie ou d'infanterie mal prises, qui auront fait perdre telle ou telle bataille, ou empêché de profiter de tel ou tel avantage ; car on instruit souvent mieux par des fautes que par des victoires. D'ailleurs une nation belliqueuse et grande, loin de se dissimuler ses pertes et leurs causes, doit au contraire les avoir toujours présentes, seul moyen d'instruire ses généraux, et de porter l'art de la guerre à la perfection, d'où dépendent sa sûreté et sa gloire.

Nourris de ces principes, et avec autant de moyens d'intéresser leurs éleves par le double attrait de l'instruction et de l'amour-propre national, quels progrès dans la vraie tactique de l'artillerie, les commandans de cette école ne feront-ils pas faire à ces jeunes militaires, préparés d'ailleurs par la théorie des sciences qu'on leur aura précédemment enseignées, comme bases de leur éducation !

Et abstraction faite ici de l'intérêt qu'aura le corps de l'artillerie d'exiger autant d'instruction de ses élèves, de quelle utilité les leçons ostensibles de cette école, du genre de celles dont je viens de présenter l'esquisse, ne seront-elles pas pour les militaires de toutes les armes, qui pourront en être témoins ?

Troupes de toutes les armes appelées à l'école de l'artillerie pour leur instruction.

191. L'école étant fixée à Metz, on y fera rester deux ans les troupes qui s'y trouveront à l'époque de l'établissement de l'école : d'autres corps y passeront ensuite le même temps, et tous auront le même avantage à leur tour.

D'un autre côté il sera d'autant plus aisé de faire passer les jeunes officiers de toutes les armes aux instructions pratiques de l'artillerie, c'est-à-dire à celles qui doivent se donner en grand sur le terrain, qu'outre l'école des élèves, nous avons huit écoles pour nos huit régimens; et que si le projet que je propose est mis à exécution, nous en aurons onze; ce sera donc en tout douze écoles, y compris celle des élèves, où l'on pourra donner aux troupes les grandes leçons pratiques que je viens d'indiquer.

Ainsi l'artillerie, en s'instruisant, instruira l'armée; et c'est en effet à l'école de cette arme que toutes les autres doivent venir.

Le général Gribeauval qui voyait tout en grand, avait tellement senti cette vérité, et l'avait si bien persuadée à l'ancien gouvernement, que les jeunes officiers qui dans ces temps de despotisme, étaient destinés à commander les armées non à titre d'hommes instruits, mais par le seul droit de la naissance, venaient s'instruire des manœuvres de l'artillerie à la suite des régimens de cette arme : c'était au moins les mettre dans le cas d'éviter un jour beaucoup de fautes, et de moins prodiguer le sang; quelle école en effet pour tous les militaires; et sur-tout pour ceux de qui doivent dépendre un jour les destinées des peuples!

Non que je prétende qu'un général d'armée doive s'appesantir sur les détails de l'artillerie; mais il faut au moins qu'il en connaisse en grand la théorie et les principes; et sur-tout qu'il ne soit pas exposé, faute de pouvoir juger des ressources ou des besoins de cette arme, à lui donner des ordres, ou inutiles, ou inexécutables. Je n'en ai jamais reçu de vous en Italie, citoyen Général, ni du général Muller en Espagne, que je n'eusse donnés moi-même à l'artillerie, si j'avais commandé l'une ou l'autre de ces deux armées; c'est que vous étiez officier d'artillerie (*bb*), et que le général Muller la connaissait.

Et c'est aussi ce qui m'a fait souvent convenir, que si à la bataille du 17 pluviôse an 2, aux Pyrennées-Occidentales, j'avais rempli avec autant de succès la mission importante qui m'avait été confiée, c'était parce que j'avais fait de cette affaire, l'une des plus intéressantes sans contredit, de la guerre de la liberté, non un combat de troupes corps-àcorps, mais un vrai duel d'artillerie : et en cela, j'avais un grand avantage sur l'ennemi, puisque le centre de mon ordre de bataille et mes deux aîles étaient soutenus par des batteries, composées de pièces de gros calibres. Je ne parle pas de celles de campagne que j'avais portées en avant sous la protection des premières.

Je voudrais que les généraux missent plus souvent en pratique qu'ils ne le font, ce que je conseille ici, de faire usage de l'artillerie plus que de toute autre arme, lorsqu'on trouve de l'avantage à le faire ; car c'est ménager les hommes, et remplir le grand but de l'artillerie, qui est d'épargner le sang, comme vous l'avez souvent fait, citoyen Général.

Combien aurais-je ici de choses à dire, et qui prouveraient de plus en plus que c'est en effet à l'école de l'artillerie que les autres armes doivent venir apprendre l'art de la guerre.

Et c'est enfin (car il faut ici tout avouer : on me le pardonnera par le zèle qui dicte ce que j'écris) ce qui m'a souvent fait vous dire à vous-même, citoyen Général, admirant l'usage que vous veniez de faire de l'arme que vous connaissiez si bien, et à bien d'autres généraux, dont ce trait de franchise ne m'a jamais fait perdre l'amitié, que nul ne devait commander une armée, s'il n'était officier d'artillerie ou de génie ; mais sur-tout d'artillerie, ce dernier étant le seul de toutes les armes, qui par son institution doive les connaître toutes.

Qu'on ne dise pas, pour dispenser un général d'armée de savoir au moins manier l'artillerie en grand les jours de bataille, comme je l'exige ici, qu'il suffit que dans toute affaire de quelqu'importance il se concerte avec le géneral de l'artillerie ; se concerter avec le chef d'une arme, suppose qu'on connaisse la tactique de cette arme ; sans quoi c'est le concert de l'aveugle, que l'homme éclairé conduit : or l'homme éclairé ose-t-il toujours conduire celui qui ne l'est pas, et qui ne peut ni le juger, ni le disculper, si le conseil donné ne réussit pas ? On veut souvent trouver des coupables. Je ne suivrai pas cette idée.

D'ailleurs, pourquoi mettre un général dans la dépendance

d'un autre, ou l'exposer à faire des fautes, s'il a l'amour-propre de ne vouloir pas consulter? Le général Grandmont fut cause de la perte d'une bataille dont les suites nous furent des plus funestes, pour n'avoir pas voulu suivre le conseil du grand Vallière, dont il masqua l'artillerie, lorqu'il devait au contraire la laisser agir seule, l'ennemi étant investi, et allant mettre bas les armes, sans qu'il en coûtât une goutte de sang aux Français.

Attention que doit avoir le général d'artillerie, de faire connaître au général darmée les ressources et les besoins de son arme.

192. Mais si le général d'armée doit étudier, au moins en grand la théorie de l'artillerie, le commandant de cette arme doit de son côté être le premier à lui en faire connaître les ressources ou les besoins, et à lui éviter sur cet objet toutes demandes d'états, ou de détails minutieux, qui lui feraient perdre un temps qu'il doit employer à des opérations plus importantes. Le général d'artillerie doit sur-tout suivre le général en chef dans ses reconnaissances, et aux avant-postes, puisqu'il faut qu'il connaisse, comme lui, tout le terrain qu'embrasse l'armée, s'il veut-être en état de juger des positions que l'artillerie devra prendre à mesure que l'armée avancera ou manœuvrera. Or, ce n'est pas du quartier-général qu'on peut juger de ces positions, et encore moins de la série des mouvemens à faire faire à l'artillerie en raison de ceux de l'armée présumés les meilleurs. Je ne pousserai pas plus loin ces réflexions, pour ne pas rentrer dans ce que j'ai précédemment dit sur cette matière.

Le général d'armée doit aussi faire part à celui de l'artillerie, de ses projets, ou du moins de ceux qu'il peut lui communiquer. Ces deux hommes, de qui dépend le sort des armées, doivent être intimement liés, puisque c'est de leur union que dépend la victoire. Il faut même qu'elle les voie toujours si étroitement unis, que la veille, ou au moment d'une affaire, elle les appelle à son conseil, s'il est permis de s'exprimer ainsi, et que, pour les attacher encore plus l'un à l'autre, et à elle-même, elle ait l'air, en leur montrant l'unique moyen de vaincre, de faire dépendre d'eux la gloire de la journée, et le triomphe qu'elle leur prépare.

Lorsque je dis le triomphe qu'elle leur prépare, c'est bien faire entendre que l'artillerie, toujours si carressée lorsqu'on a besoin d'elle, ne doit point être oubliée après la défaite de l'ennemi. D'ailleurs l'éloge mérité est l'aliment du courage et des talens, et le chef éclairé qui sait le donner à propos, n'ignore pas non plus qu'il le place à intérêt pour la patrie et pour lui-même. Comment n'avez-vous jamais rien trouvé d'impossible, citoyen Général? c'est que vous saviez enflammer d'un mot, d'un geste, à la tête des troupes, ou dans le feu des affaires, les hommes qui se signalaient autour de vous. Vous dites à l'artillerie, après la bataille d'Arcole, qu'elle s'était *comblée de gloire* : ces expressions furent recueillies, et je ne les oublierai pas ; lorsque vous donnâtes de nouvelles bannières à tous les corps qui composaient votre armée, et que chaque demi-brigade fit inscrire sur la sienne ce que vous lui aviez dit d'honorable dans les champs de la victoire. La 32.e se présenta la première, et écrivit devant vous sur son drapeau : « *J'étais tranquille, ma brave 32.e était là* ». Mais il fallait voir la fière 57.e, imprimer en caractère de feu sur son drapeau, devant lequel l'ennemi avait toujours fui, le nom du *Terrible*, que vous lui aviez donné.

Que dirai-je des autres armes, et de celle de la cavalerie qui avait si souvent culbuté celle de nos ennemis ? J'aurais cent voix, que je ne pourrais rapporter les inscriptions glorieuses dont les chefs de ces différens corps firent décorer les riches étendards, que la patrie reconnaissante leur distribua dans cette belle journée. Ils n'eussent mis sur leurs drapeaux que, *nous étions de l'armée d'Italie* ; qu'ils eussent également fait passer les noms de leurs compagnons d'armes à la postérité.

Et moi, à la vue de tous ces corps dont la victoire déployait les bannières aux acclamations d'un peuple immense qui nous environnait, et que la gloire couronnait des lauriers qu'ils avaient cueillis à Castiglione, à S. Georges, à Rivoli, à Arcole, aux passages de la Piave, du Tagliamente, et jusqu'aux portes de Vienne; je remis au 4.e régiment à pied de l'arme de l'artillerie (*cc*), le drapeau sur lequel j'avais inscrit, en deux colonnes latérales, embrassant toute la hauteur du drapeau, et par dates pour l'histoire, toutes les batailles, tous les siéges, tous les triomphes de l'armée d'Italie, et au milieu, en grands caractères: « *Par-tout l'artillerie s'est comblée de gloire* »; me servant, citoyen Général, de vos propres expressions. Je n'avais pas seulement en vue par cette inscription qui devait être transmise à l'artillerie de toutes nos armées, de consacrer sur les drapeaux de cette arme, l'éloge qu'elle avait reçu de vous en Italie; mais aussi ceux que je lui avais vu mériter au Rhin, en Espagne, etc.

Pourrions-nous, disais-je à mes camarades, oublier jamais une aussi belle inscription? elle est d'autant plus flatteuse, que c'est au champ d'honneur que vous l'avez méritée: mais en recevant le drapeau sur lequel elle est consignée, quelle obligation de la justifier ne contractez-vous pas? Vous allez au-devant de mes vœux...... Vos yeux se fixent sur cette inscription qui vous appelle à de nouvelles victoires..... Vous entourez votre drapeau, vous le saisissez avec empressement..... Quel cri d'alégresse perce la nue! vous promettez, vous jurez de ne jamais l'abandonner..... Non, mes amis, non, plutôt mourir que de quitter l'étendard de la victoire...... D'ailleurs la mort est belle pour la patrie.... Voyez les noms de ceux de nos frères d'armes qui ont perdu la vie pour la cause de la liberté, inscrits sur la pyramide qui porte à l'immortalité le souvenir des belles actions de ces héros à jamais chers à leur pays et à a France.

C'était en effet au pied de la pyramide que vous aviez fait élever à la gloire des défenseurs de la patrie, citoyen Général, que je tenais ce langage aux canonniers auxquels je remettais le drapeau de l'artillerie.

J'ai cru devoir rapporter dans cet Essai cette distribution

de drapeaux (*dd*) à laquelle vous avez donné un si grand éclat, citoyen Général, et qui vous aurait fait remporter tant de victoires, si l'ennemi vous eût forcé à reprendre les armes, parce que dans un ouvrage destiné à l'éducation des jeunes militaires, il m'a paru convenable de montrer par de grands exemples à une nation sensible, et chez laquelle l'honneur est tout, ce que peuvent sur les Français les moindres éloges donnés à la tête des armées, lorsqu'un général, aussi juste, que grand dans ses vues, sait distribuer les récompenses dues au courage et aux talens, avec la dignité, la grandeur et l'énergie propres à élever l'ame des guerriers, à tirer parti des passions mêmes, en ennoblissant leur but, et à transformer en héros les hommes les plus ordinaires.

Si, pour remplir mon objet, j'ai eu besoin de vous peindre par les grands traits qui vous caractérisent; si je vous ai représenté dans plusieurs endrotis de mon ouvrage comme je vous ai vu par-tout, sans doute je ne vous ai pas consulté, puisque vous n'aimez pas ce que vous croyez être des éloges : je ne sais pas non plus en donner. Mais, comme je viens de le dire, écrivant pour de jeunes militaires, je leur devais un grand modèle. D'ailleurs, qu'on me donne de plus beaux exemples, et je les mettrai bientôt à profit pour ceux que je veux instruire, car mon but est d'instruire.

Et quant aux fleurs qu'on pourrait peut-être me reprocher d'avoir trop peu économisées dans un ouvrage didactique qui ne devait emprunter que de la simplicité ses naïfs ornemens, je répondrai encore que j'écris pour des jeunes gens qui sont dans un âge où l'on doit leur faire aimer ce qu'on leur enseigne, ce qu'on ne peut faire qu'en leur peignant tout en beau, et employant pour leur plaire le langage des images. Les enfans les aiment, l'homme même en est avide. Profitons donc de cette faiblesse, si c'en est une chez nous, pour faire goûter nos leçons à la jeunesse en amusant son imagination pour intéresser son cœur. L'homme sur lequel les images ne font point d'impression, est celui que le vice a blasé, ou qui a trop d'expérience pour qu'on puisse le tromper. Trompons donc nos enfans pour leur bonheur, puisqu'heureusement ils ne l'ont point encore été ; et pour séduire à la vertu ces ames neuves, qui n'ont encore reçu aucune impression, empruntons de la peinture les belles couleurs dont elle sait embellir les sujets les plus arides, pour faire goûter à un âge faible des idées grandes, des sacrifices qui coûtent à l'homme, et enfin le passionner pour les belles actions et les travaux qui immortalisent. Enfin, semons des roses, si l'austère philosophie peut me pardonner ici cette expression, sur les épines qui couvrent le chemin étroit qui conduit à la vraie gloire. Ainsi le charme de nos leçons formera à la république des militaires distingués dans toutes les armes, parce que nous leur apprendrons, par les portraits des grands hommes que nous présenterons à leur admiration, à se modeler sur eux ; et qu'en leur enseignant à rapporter tous leurs succès au bonheur de leurs semblables, nous leur apprendrons sur-tout que la clémence est la plus belle vertu des guerriers ; qu'un général s'honore plus, comme vous l'avez si souvent fait, et comme vous cherchez encore à le faire, en conciliant les peuples par la justice et la générosité, qu'en les soumettant par la force des armes : enfin que les plus heureuses victoires font verser des larmes à ceux même qui les ont remportées, et qu'il est toujours bien plus beau, bien plus doux de gagner des cœurs que des batailles.

Je reviens au plan d'instruction de l'artillerie et des différentes armes, sur lequel j'ai encore un mot à dire.

Nécessité de faire passer aussi les élèves du génie à l'école de l'artillerie.

193. Lorsque je dis que les jeunes officiers de toutes les armes doivent s'instruire aux écoles de l'artillerie ; j'entends bien parler aussi de ceux du génie, puisqu'ils ne sont pas les moins précieux.

Le général Gribeauval, dont les vues embrassaient l'éducation de tous les corps, avait obtenu du gouvernement de son temps, que les élèves du génie fussent attachés pendant deux ans à nos compagnies de sappeurs. On a levé depuis des bataillons entiers, auxquels on a donné le nom de sappeurs, et qu'on a mis à la disposition de l'arme de génie. Ils ne sont pas sappeurs, mais pionniers. Il faut néanmoins les conserver, parce qu'ils sont bons à la guerre pour les grosses besognes, sur-tout pour les réparations et constructions des chemins, des lignes, des retranchemens, et en général pour tous les travaux qui exigent de grands remuemens ou déplacemens de terre. Mais il n'y a de vraie école de sappe que dans l'artillerie, dont les soldats sont canonniers, bombardiers et sappeurs.

Il ne serait pas moins nécessaire que les élèves du génie suivissent dans nos polygones l'école du canon et toutes les manœuvres de l'artillerie : car d'où sont nées les règles de la fortification, soit pour la défense, soit pour l'attaque, sinon du bon emploi de l'arme destinée à l'attaque ou à la défense ? D'ailleurs, qu'est-ce qu'une place fortifiée ? imaginons une armée qui ait à soutenir un poste menacé d'être investi par l'ennemi. Le général qui la commande, (que je supposerai artilleur, puisqu'il devroit toujours l'être), la divisera en autant de corps qu'il croira avoir de fronts de bataille à opposer à l'ennemi, et il enceindra la place à défendre de ces différens fronts, dont chacun sera proportionné, en troupes et en canon, à l'attaque qu'il sera dans le cas de soutenir. Supposons maintenant que ces mêmes fronts, après avoir pris autour de la place donnée les positions respectives qui leur auront été assignées par l'artilleur, se fixent tout-à-coup, les troupes devenant des courtines réelles, et les batteries de canon des faces de bastion. Voilà ce qu'on est convenu d'appeler une place fortifiée, et qui, à proprement parler, est une armée fixe.

D'où il suit évidemment que c'est toujours l'artilleur qui fortifie ou montre à fortifier, puisque, soit que les armées soient mobiles, (comme nous les avons considérées dans le cours de ce Mémoire, pour ne rien anticiper sur des leçons qui doivent être progressives pour être utiles à de jeunes militaires), soit qu'elles soient fixes, c'est toujours par les positions

sitions que l'officier d'artillerie fait prendre à son canon qui les défend, mobiles ou fixes ; et que c'est si bien du bon emploi de l'arme destinée à l'attaqne ou à la défense que sont nées les règles de la fortification, comme je l'ai dit précédemment, que l'arme indique pour ainsi dire elle-même la place qu'il faut lui donner dans un ouvrage pour le défendre, ou contre cet ouvrage pour l'attaquer.

Les places ne pourraient donc être mieux fortifiées, défendues, ou attaquées que par les artilleurs, puisque dans l'un ou l'autre cas, le canon ne pourrait être mieux placé. Pourquoi a-t-on voulu faire de la science de l'artillerie une science à part qu'on a appellé génie? Il en est résulté deux artilleries : à la vérité émules en gloire et en talens, mais n'en formant pas moins deux corps distincts pour un service qui pourrait être fait par un seul. Tout tend donc à prouver combien l'Etat gagnerait à les réunir, je vais en présenter le projet, non comme on le trouve dans la seconde édition de l'Aide-mémoire, mais d'après le plan que le général Aboville en a présenté à l'assemblée constituante. Puisse l'extrait que je vais en donner, répondre à l'intérêt qu'inspire ce projet, aussi sage que bien conçu.

Au surplus, si je demande la réunion du génie à l'artillerie, je ne voudrais pas pour cela que nous n'eussions pas *un corps d'ingénieurs*, un corps dont on ne s'est pas encore formé d'idée, et auquel j'attribuerais de bien plus grandes fonctions que celles qu'on a affectées au corps du génie actuel. Je voudrais que ce corps d'ingénieurs fût le conseil du gouvernement pour l'organisation des troupes, des armées, et de toutes les administrations qui ont rapport au militaire.

Ce conseil présenterait et soumettrait aux Consuls les plans de campagne pour les armées, et ceux dela défense des frontières. Il classerait les places suivant leur plus ou moins d'importance dans la défense générale; il fixerait, à la paix, les limites de la France avec ses voisins; et dans tous les temps voyagerait chez tous les peuples dont nous devons chercher à connaître sur tous les objets, la force ou la faiblesse, pour en profiter, soit pour contenir les puissances ambitieuses, soit pour soutenir les opprimées, et enfin entretenir entre toutes le lien de la paix par la balance de leurs propres intérêts. On sent combien cette mission serait grande, puisqu'elle supposerait toutes les connaissances politiques et militaires.

Je m'arrête ici, me suffisant d'avoir indiqué, autant que les bornes de cet Essai me le permettaient, une institution que je crois utile, mais qui doit avoir sa place dans un plus grand ouvrage.

Je reviens à la réunion des corps actuels de l'artillerie et du génie.

RÉUNION DES ARMES DE L'ARTILLERIE ET DU GÉNIE,

Suivant le projet du général Aboville, *premier inspecteur général de celle de l'artillerie.*

194. Ce général propose de ne faire cette réunion (lorsqu'il sera prudent de la faire) que d'une manière éventuelle pour le moment, c'est-à-dire, de la commencer « par les » jeunes officiers des deux corps, laissant ceux de la tête » former deux séries distinctes et séparées dans chacune » desquelles les individus continueraient à suivre leur avan- » cement, comme par le passé, et resteraient pareillement » dans leurs fonctions présentes jusqu'à ce qu'ils fussent à-peu- » près éteints » et remplacés par la jeunesse actuelle.

Je me sers ici des expressions mêmes du général Aboville, ne prétendant rien donner ici de moi; mais seulemeut rappeler son plan, et l'adapter à l'organisation du personnel de l'artillerie que je propose.

Constitution du nouveau corps.

195. Si ce plan était adopté on donnerait, aux deux corps réunis, la constitution de celui de l'artillerie, qui, pour me servir des expressions du général Aboville, « semble avoir « été préparée pour la réunion ». On y ajouterait le nombre d'officiers composant actuellement le corps du génie et celui des mineurs. Le nouveau corps prendrait le nom de celui de l'artillerie, qui, comme je l'ai déjà dit, est le vrai type des deux. On convient que l'on aurait d'abord trop d'officiers; mais avec le temps ils se réduiraient au nombre suffisant pour les deux services.

En attendant cette réduction par extinction, il faudrait conserver les officiers actuels des deux séries, sur-tout les anciens, à moins de raisons extraordinaires. Ces officiers sont précieux dans les corps où l'on ne s'instruit qu'en vieillissant. C'est de leur longue expérience et de l'attachement des jeunes officiers pour eux, que dépendent les succès et la gloire des corps à talens.

Comités.

196. La réunion adoptée, le comité central des fortifications et le comité central de l'artillerie, continueraient à être composés comme ils le sont, et ne seraient remplacés que tous les ans.

Les membres d'un comité auraient entrée et voix consultative dans l'autre : Les deux comités pourraient même se consulter réciproquement ; ils s'enverraient copies mutuelles de leurs délibérations ; et chacun, sur l'invitation de l'autre, donnerait communication des pièces, plans et mémoires, qui lui seraient démandés.

197. Les deux comités se réuniraient tous les ans à Paris, du 1.er au 30 germinal, pour y traiter en commun de tout ce qui aurait rapport à l'avancement et au placement des officiers, ainsi qu'aux moyens partiels de lier le plus possible les deux parties du même corps, et d'en accélérer la réunion.

Inspecteurs généraux

198. Les deux séries auraient chacune leur premier inspecteur-général et le nombre d'inspecteurs-généraux de division et de brigade, qu'elles ont actuellement.

Les deux premiers inspecteurs, de chaque série, conserveraient, chacun dans leur arme, les fonctions qu'ils y exercent aujourd'hui, conformément aux deux arrêtés des consuls de la république, du 15 nivôse dernier, concernant la création et les attributions de ces deux premiers inspecteurs.

Ces deux arrêtés sont les suivans :

Arrêté portant création d'un premier inspecteur général de l'artillerie.

Du 15 Nivôse.

199. Art. I.er Il sera nommé un premier inspecteur général du corps de l'artillerie.

II. Le premier inspecteur a, sous l'autorité du ministre, la surveillance générale du matériel et du personnel de l'artillerie. Il inspecte et fait inspecter les régimens d'artillerie à pied et à cheval, les écoles, les directions, les manufactures d'armes, les fonderies de canons, et tous les établissemens quelconques du ressort de l'artillerie.

III. Les inspecteurs généraux lui rendront compte des résultats de leurs tournées : les mémoires, plans et projets lui seront adressés. Il correspondra avec les directeurs, et leur demandera tous les comptes qu'il croira convenables.

IV. Le premier inspecteur présentera au ministre les résultats des revues des inspecteurs : il lui soumettra, toutes les fois qu'il le désirera, le tableau du matériel et du personnel de l'artillerie des différentes armées et des places frontières ; il donnera en même temps des vues sur ces divers objets.

V. Le premier inspecteur est tenu de présenter au ministre tous les projets de changement et d'amélioration qu'il croira convenables, tant pour le matériel que pour le personnel.

VI. Il dénonce au ministre tous les abus d'administration qu'il reconnaît ; il propose toutes les économies qu'il croit possibles.

VII. Le travail arrêté par le ministre sur la présentation du premier inspecteur, sera exécuté dans ses bureaux, ainsi que par le passé : s'il jugeait nécessaire d'y faire quelques changemens, il en instruirait le premier inspectenr général ; il lui donnerait également connaissance des ordres particuliers que les besoins urgens du service auraient pu nécessiter.

VIII. Le comité central de l'artillerie sera désormais sous les ordres immédiats du premier inspecteur général, qui la présidera, lorsqu'il assistera à ses séances.

Arrêté portant création d'un premier inspecteur général et de six inspecteurs généraux de l'arme du génie.

Du 15 Nivôse.

200. Art. I.er Il y aura un inspecteur général de l'arme du génie ; il sera général de division.

II. Il y aura en outre six inspecteurs généraux ; ils seront choisis soit parmi les inspecteurs généraux actuels, soit parmi les directeurs ayant le grade d'officier général.

III. Le premier inspecteur général travaillera avec le ministre de la guerre : il lui fournira tous les renseignemens soit sur le personnel de l'arme du génie, soit sur toutes les parties du matériel confiées à cette arme.

IV. Il travaillera également avec le ministre de la marine et des colonies, pour tous les objets relatifs au service de l'arme du génie, soit dans les ports de France, soit dans les colonies.

V. Les ministres de la guerre et de la marine arrêteront, chacun en ce qui les concerne, le travail relatif à l'arme du génie.

VI. Le premier inspecteur général correspondra, pour tous les objets de service, avec les inspecteurs généraux, les directeurs des fortifications, et les commandans du génie aux armées. Ils lui rendront compte du personnel et du matériel, et lui adresseront les mémoires, plans, projets, etc.

VII. Le comité central des fortifications sera sous les ordres immédiats du premier inspecteur général : il le présidera toutes les fois qu'il assistera à ses séances.

VIII. Le dépôt des fortifications établi à Paris, sera sous la surveillance du premier inspecteur général. Il en sera de même du dépôt des fortifications pour les colonies, et de celui des plans en relief.

IX. L'école du génie sera également sous la surveillance du premier inspecteur général.

X. Les inspecteurs généraux feront leur inspection dans l'arrondissement qui leur sera déterminé, et aux époques qui leur seront prescrites : ils se conformeront aux ordres de service qui leur seront donnés par le ministre de la guerre, ainsi qu'aux instructions du premier inspecteur général.

XI. Les inspecteurs généraux actuels qui ne seront point choisis pour remplir les nouvelles places, seront susceptibles d'être rappelés aux fonctions de directeur.

XII. Les directeurs nommés inspecteurs généraux, seront toujours snsceptibles de reprendre les fonctions de directeur, s'ils sont remplacés dans celles d'inspecteur général.

XIII. Le travail de l'arme du génie arrêté par le ministre de la guerre, sera exécuté dans ses bureaux, ainsi que par le passé. Si le ministre, après avoir arrêté le travail présenté par le premier inspecteur général, jugeait nécessaire d'y faire quelques changemens, il en instruirait le premier inspecteur général; il lui donnerait également connaissance des ordres particuliers que les besoins urgens du service pourraient nécessiter.

Ecoles.

201. L'école des élèves des deux corps réunis (en supposant mon plan adopté) serait celle de l'artillerie, exigeant, comme je le suppose, toutes les sciences nécessaires à l'éducation des deux corps, et de plus la pratique de toutes les constructions, exercices et manœuvres de l'artillerie.

Les écoles des régimens auraient un commandant en chef et un en second. « Une partie de ces écoles aurait son commandant en chef pris dans la série de l'artillerie, et le second dans celle du génie : dans les autres écoles, le chef serait pris dans les officiers du génie, et le second dans ceux de l'artillerie ». Je me sers ici des expressions mêmes du général Aboville, cette disposition me paraissant devoir être adoptée en entier.

Les commandans en chef qui seraient pris pour le moment dans la série de l'artillerie, seraient ceux des écoles où se trouvent des arsenaux de construction.

Le commandant en chef de l'école des mineurs pourrait être pris indistinctement dans les deux corps. Voici seulement les officiers qui ne devraient pas changer de service.

Officiers qui ne changeraient pas de service.

202. La difficulté de réunir l'artillerie et le génie ne vient pas de l'art en lui-même, puisque l'instruction exigée pour chacun des deux corps est fondée sur les mêmes principes. L'obstacle à la prompte réunion, vient des anciens officiers, qui, dans l'une et l'autre série, ont pris le pli du service dans lequel ils ont été élevés. Or il est des âges où l'on ne prend pas aisément de nouvelles habitudes, il conviendrait donc que, lors de la réunion, les anciens officiers des deux séries, jusques et compris les capitaines en premier et en second, restassent dans leurs fonctions présentes, à l'exception des officiers-généraux et de quelques autres officiers, qui pourraient, sans inconvénient, passer d'un service dans l'autre, comme il sera dit ci-après. Tous ces officiers, d'ailleurs, suivraient leur avancement chacun dans leur série.

Corps des mineurs.

203. On ne ferait aucune réduction au corps des mineurs. Il n'est pas trop nombreux, sur-tout si l'on considère qu'il faut du temps pour faire un mineur; et que ce n'est pas au moment de faire la guerre que l'on doit s'y prendre pour former de pareils hommes.

Les compagnies de mineurs ne peuvent mieux s'instruire qu'en corps. Il faudrait donc bien se garder de retomber dans la faute qu'on a deux fois faite, de les attacher aux régimens d'artillerie. Les mineurs n'y prendraient qu'une demi-instruction, ne pouvant jamais y trouver les moyens de travailler, en grand qu'une école établie pour leur instruction pourrait rassembler. Cette école ne pourra être mieux placée, qu'où sera celle des élèves des deux corps réunis.

Il paraîtrait convenable que l'état-major du corps des mineurs, faisant partie du nouveau corps, fût composé d'un général de brigade, d'un chef de brigade, d'un chef de bataillon, d'un adjudant-major, et de deux adjudans ordinaires, tous lesdits officiers roulant avec ceux du grand corps dont ils seraient tirés, sans distinction de série.

Chaque compagnie serait commandée comme celles des régimens d'artillerie et des compagnies d'ouvriers, par un capitaine en premier, un en second, un premier lieutenant, deux seconds lieutenans.

Tout officier ayant troupe, soit des régimens d'artillerie, soit des compagnies d'ouvriers, soit de celles des mineurs, serait pris, lors de la formation, parmi les officiers de ces troupes, jusques et compris le grade de capitaine en second, et dans la suite dans les deux séries, à mesure que les individus se formeraient aux deux services.

204. Quant aux lieutenans des régimens d'artillerie, des compagnies d'ouvriers, et de celles des mineurs, ils seraient pris indistinctement dans les deux séries; et là comencerait la réunion. « Les lieutenans des deux corps, dit le général » Aboville, seraient réunis de ce moment, rouleraient en- » semble suivant leur rang, seraient employés dans les écoles » pour s'y instruire du service qui serait commun entre eux, » et rempliraient alternativement des emplois dans les régi- » mens et dans les places; et dans ce dernier cas, ils feraient » le double service toutes les fois que cela pourrait se faire » sans inconvénient ».

205. Tous les lieutenans du génie qui, à la formation, auraient passé à l'école de leur série le temps nécessaire à leur instuction, en tant qu'ingénieurs, resteraient néanmoins à l'école des deux corps réunis, ou, ce qui est le même, à celle de l'artillerie, le temps exigé pour y acquérir les connaissances théoriques et pratiques qui constituent l'artilleur-ingénieur, et *vice versâ*.

206. Il est bien entendu aussi que les lieutenans de l'artillerie qui, à l'époque de la formation, ne seraient pas suffisamment instruits, en tant qu'ingénieurs-artilleurs, resteraient à l'école commune jusqu'à ce qu'ils fussent jugés en état de faire indistinctement les deux services.

207. Il faudrait que tous les officiers nouvellement reçus fissent dans les régimens, avant de pouvoir être employés dans les places, un an de service comme canonniers ou sous-officiers, et un an comme officiers.

Directeurs, sous-directeurs, et officiers en résidence.

208. Outre les officiers ci-dessus, l'artillerie aurait encore le nombre de directeurs et de sous-directeurs qui sera déterminé pour cette arme, lorsque le gouvernement aura définitivement prononcé sur son organisation, et il en serait de même du génie.

La réunion faite, il serait inutile que les capitaines en second, en résidence, fissent partie de tel ou tel régiment, et fussent obligés d'y rentrer; ils dateraient seulement de leur rang pour obtenir les appointemens de capitaine de première classe, lorsque leur tour viendrait.

En faisant la réunion, il ne faudrait pas que les capitaines en second qu'il serait nécessaire de mettre dans les compagnies des régimens d'artillerie, d'ouvriers ou de mineurs, fussent pris parmi ceux en résidence. Ces résidences seraient d'autant moins à supprimer, qu'elles offriraient au contraire des moyens de faire passer les capitaines en second du génie dans les divers établissemens de l'artillerie, pour les former aux détails de nos arsenaux de construction, de nos fonderies, de nos manufactures d'armes.

Les capitaines en second de l'artillerie pourraient de même être employés dans les directions du génie, pour s'instruire sous les chefs de cette série de tout ce qui concerne ce service.

Ces capitaines en second des deux séries, en changeant ainsi de service, ne changeraient pas pour cela l'ordre de leur avancement. Ils le suivraient toujours dans leurs séries, qui seraient toujours distinctes pour eux, puisqu'il n'y aurait que les lieutenans qui seraient réellement réunis, et rouleraient entre eux suivant leur rang.

Il est présumable que la réunion serait opérée d'ici à quinze ou seize ans, parce qu'alors les deux branches de l'V que présentent aujourd'hui les deux séries distinctes (qui lors de la réunion n'auraient qu'un point de contact, formé par l'union des lieutenans), seraient éteintes, ou à très-peu de chose près, par la guerre, les retraites, et le cours ordinaire de la vie; et que d'ailleurs beaucoup d'officiers auraient pris des connaissances sur les deux services; en sorte que le rapprochement serait bientôt tel, que l'V se changerait en un Y, dont la queue, type des deux corps, grandirait à mesure que les têtes des deux séries s'éteindraient, et deviendraient enfin l'I formant la réunion absolue.

D'ailleurs lorsque le général Aboville propose de laisser les anciens officiers des deux séries dans leurs fonctions respectives, et de ne réunir réellement que les lieutenans, on sent bien que cela n'empêcherait pas que d'anciens officiers de la série du génie ne prissent très-promptement connaissance des travaux de nos arsenaux, de nos fonderies, de nos manufactures d'armes, de nos forges; et que de même, d'anciens officiers d'artillerie ne pussent être incessamment chargés des fonctions des directeurs du génie dans les places. Cela dépendrait des âges, des goûts, et du plus ou moins d'aptitude des individus pour les deux services. En général, tout ce qui ne serait pas service des régimens, et en général des troupes de l'artillerie, et qui ne tiendrait qu'à la théorie des sciences et des arts qui entrent dans l'éducation des deux corps, servirait à accélérer leur réunion.

Directions des manufactures d'armes.

209. Le service des manufactures d'armes est encore un de ceux qui pourraient être plus promptement partagés entre les officiers d'artillerie et ceux du génie. Je conviens qu'il ne faudrait pas tout de suite charger un ingénieur de commander en chef un de ces établissemens, parce que c'est un métier de détails auxquels il faut s'être familiarisé; mais on pourrait y placer des capitaines en second de cette série avec ceux de l'artillerie. Dans la suite le commandement serait donné aux officiers de l'un ou l'autre corps que leurs talens rendraient susceptibles de ce genre de service.

En laissant au moment de la formation les inspections en chef des manufactures d'armes aux officiers d'artillerie, il faudrait aussi laisser dans ces places les officiers qui en seraient alors pourvus, parce qu'il faut du temps pour former des officiers dans ce métier pénible.

Le service des manufactures exigerait un directeur-général

comme il en existe un aujourd'hui, et quatre officiers pour chacun de ces établissemens, savoir ; un chef de bataillon-inspecteur, un capitaine en second sous-inspecteur, et deux capitaines en second adjoints à l'inspecteur. La réunion se faisant, il conviendrait d'augmenter le nombre de ces officiers de deux capitaines en second pris dans la série du génie. Ces deux officiers de plus dans chaque manufacture d'armes, n'augmenteraient pas la dépense qu'occasionnerait la réunion, par la raison que pendant qu'elle s'opérerait, le gouvernement serait obligé d'entretenir tous les officiers des deux corps jusqu'à l'extinction de ceux excédens, c'est-à-dire jusqu'à l'entière transformation de l'V en I, et que pendant ce laps de temps il ne pourrait qu'être avantageux pour la réunion d'employer le plus possible d'officiers d'un service dans l'autre.

Je ne répéterai pas ici ce que j'ai dit plus haut de la nécessité d'établir des compagnies d'armuriers pour remonter le travail de nos manufactures et relever l'art de la fabrication des armes, pour ainsi dire perdu par le grand nombre de fusils que la révolution nous a forcé de faire forger à la hâte ; mais il n'est personne qui ne sente combien nous avons besoin d'armes, et de meilleures armes.

Je reviens à la réunion de l'artillerie et du génie.

Suppression des résidences de capitaines sans avancement.

210. Il existe des capitaines en premier en résidence dans l'artillerie et le génie. Ils seraient remplacés par des capitaines en second à mesure qu'ils s'éteindraient ; il n'y aurait plus de capitaines sans avancement.

Réduction des emplois supérieurs.

212. Lorsque j'ai dit que la série de l'artillerie et celle du génie conserveraient chacune leurs généraux actuels, on entend bien que cela n'aurait lieu que tant que les deux séries des anciens officiers de tous grades des deux

corps existeroient ; mais que , lorsqu'elles seroient éteintes , alors le seul corps existant , c'est-à-dire le type ou le tronc des deux branches éteintes , n'aurait plus qu'un seul premier inspecteur , et les généraux de division et de brigade nécessaires pour les deux services réunis , desquels généraux le gouvernement déterminerait alors le nombre.

Même réduction par extinction pour les directeurs et sous-directeurs ; avec cette différence cependant, que si le nombre des directions actuelles du génie ne répondait pas à celui des directions actuelles de l'artillerie , celles à conserver ou à créer en sus , lors de l'entière réunion , seraient proposées au gouvernement par le premier inspecteur des deux armes qui n'en feraient plus qu'une.

Précautions à prendre pour le service du nouveau corps, si la guerre survenait.

212. Le général Aboville dit très-sagement , en terminant son projet de réunion , « Que si , en attendant l'époque où le » nouveau corps de l'artillerie et du génie pourrait servir suivant la constitution qui lui serait propre , la guerre survenait , » on emploierait dans les armées des officiers de ce corps » pour le service particulier affecté précédemment au corps » du génie sous un chef de ce corps , et réciproquement pour » le service de l'artillerie , sous un chef de la série de l'ar- » tillerie.

» Que ces deux chefs seraient tenus , comme par le passé , » à se concerter entre eux , tous les deux recevant immédia- » tement les ordres du général de l'armée ; mais que le plus » ancien aurait les honneurs du commandement ; qu'il lui » serait remis des états de situation et rendu des comptes gé- » néraux des deux séries , sans qu'il pût rien changer dans » les dispositions particulières arrêtées par le commandant en » chef de l'autre partie ».

Ces dispositions sont on ne peut pas mieux vues. Elles concilient et prévoient toutes les difficultés dans le service.

Fonctions de l'état-major de l'armée, attribuées au nouveau corps.

213. Le général Aboville propose, dans le même projet, « que les fonctions de l'état-major de l'armée qui sont des » dépendances nécessaires de l'artillerie et du génie, soient » attribuées exclusivement au nouveau corps ».

Les fonctions de l'état-major-général de l'armée sont en effet plutôt des dépendances de l'artillerie et du génie, que des autres armes. La partie topographique est sur-tout du ressort de l'ingénieur et de l'artilleur, et doit par conséquent appartenir au nouveau corps.

On voit maintenant les avantages que procurerait la réunion de l'artillerie et du génie, puisque les deux services (qu'on n'aurait jamais dû séparer) se feraient avec infiniment plus d'harmonie, par la raison qu'ils seraient faits par le même corps. Il ne faut pas dire que l'émulation entre deux corps à talens ne peut tourner qu'au profit de la chose publique; l'émulation entre deux corps à talens dégénère toujours en rivalité.

Sur la totalité des officiers des deux corps, lors de la formation, je crois qu'il y en aurait plus de 200 à laisser éteindre, ce qui serait une très-grande dépense de moins pour la république.

La réunion des mineurs à l'artillerie produirait aussi une très-grande économie, puisque, dans l'état actuel, il existe, comme je l'ai déjà dit, deux artilleries distinctes; l'une extérieure, et l'autre souterraine, lesquelles ont chacune leurs ouvriers, leurs parcs, leurs employés, et en quelque sorte leurs arsenaux, tandis qu'auparavant tous les ouvrages, outils et approvisionnemens nécessaires pour les travaux des mines, se faisaient au seul parc de l'artillerie.

FIN DE LA TROISIÈME ET DERNIÈRE PARTIE.

NOTES.

(*a*) Le feu général Gribeauval avait été forcé d'adopter les pièces de bataillon, parce que c'était la manie de son temps; et qu'il est des torrens d'opinion auxquels l'homme, même le plus sage, est forcé de céder, à moins de vouloir passer pour l'ennemi de son pays. D'ailleurs, l'expérience pouvait seule faire connaître l'embarras des pièces de bataille en ligne; et cette expérience ne pouvait être que l'ouvrage du temps.

(*b*) Si, lorsque le général Gribeauval a organisé le canon de campagne, nos armées avaient été composées, comme aujourd'hui, de divisions considérées comme élémens déterminés; il aurait changé la composition de ses divisions d'artillerie, pour les proportionner, comme je viens de le dire, aux divisions d'infanterie ou d'armées avec lesquelles elles auraient eu à agir, et sur-tout pour éviter le grand nombre de voitures que huit pièces à pied attachées à une troupe agissante ne pourraient qu'entraîner après elles. Pourquoi avons nous sitôt perdu ce régénérateur de l'artillerie! pourquoi la réorganisation de cette arme qui nous occupe aujourd'hui, n'a-t-elle pu être encore un de ses bienfaits, pour le corps qu'il a tant honoré, et pour sa patrie!

(*c*) Le sol de cette redoute était si élevé par rapport aux troupes et aux pièces de campagne placées en avant d'elle, que son feu ne pouvait les incommoder.

(*d*) J'appellerai souvent dans le cours de ce mémoire, une division d'armée, *division d'infanterie*, quoique les divisions d'armée contiennent aussi quelques régimens de cavalerie, parce que la grande majorité des troupes de ces divisions étant d'infanterie, le tout doit naturellement recevoir sa dénomination de la plus forte partie.

(*e*) Quoique j'aie dit de quels calibres les divisions d'artillerie à pied avaient été composées aux Pyrennées Occidentales et en Italie, cela ne veut pas dire, que dans les pays de plaine, on ne puisse former ces divisions autrement que de deux pièces de 12, deux de 4, et deux obusiers de 6 pouces. J'eusse sans doute, en Espagne, composé les divisions d'artillerie à pied d'autres calibres, si les évènemens de la guerre nous eussent conduit au-delà de Pampelune; parce que là le pays s'applanit. En général la science de la guerre n'étant autre que celle du terrain, les généraux des armées devront toujours s'entendre avec ceux de l'artillerie, pour composer leur artillerie des bouches à feu de campagne qu'ils croiront convenir aux localités. Je ne tiens dans ce mémoire, où je ne pose que des principes, abstraction faite des exceptions dont on ne peut juger que sur les lieux, qu'au nombre de bouches à feu dont je crois que les divisions d'artillerie doivent être composées : je répéterai seulement ici, ce que j'ai dit à l'article 12; qu'au-delà de 6 bouches à feu, ces divisions ne seraient pas assez maniables. D'ailleurs, il est un principe dont il ne faut jamais s'écarter à la guerre; c'est, comme je le dirai ci-après, de ne jamais montrer à l'ennemi qu'assez de canon pour le battre. L'excédant vous embarrasserait, et pourrait vous perdre.

(*f*) J'entends par dépôts mobiles, ceux qui avancent comme l'armée, et sont changeans comme elle. Mais outre ces dépôts, qui doivent suivre le parc à une distance convenable, on aura aussi des dépôts fixes, à certains points, sur les derrières, lesquels contiendront non-seulement des pièces, des approvisionnemens, et des rechanges pour les divisions; mais aussi des fers, des bois, du charbon, des cordages, et en général tous les objets nécessaires à l'aliment des travaux du parc général, et des parcs divisionnaires.

(*g*) L'armée d'Italie a pris sur les Piémontais des pièces de 3 de différentes dimensions. Les plus courtes ont un pied de moins que nos pièces de 4 de bataille, et ne pèsent qu'environ 160 livres. Ces pièces si courtes et si légères, tourmentent trop leurs affûts : celles de longueur moyenne sont donc préférables.

On s'est aussi servi en Italie des pièces de 4, de 8 et de 12, dans les montagnes; mais on a bientôt été obligé d'y renoncer à cause de la difficulté de les conduire et de les manœuvrer. D'ailleurs celles de 3, piémontaises, ont une portée suffisante pour les montagues, puisqu'elle ne diffère pas de 50 toises de celle de notre 4 court.

Comme nous n'avons pas de pièces de 3 en France, il faudrait en faire couler pour celles de nos armées qui pourraient être employées aux Pyrennées, en Italie, ou en Corse : bien entendu qu'on chercherait en même temps à perfectionner ces pièces, en leur donnant des anses et des grains; ce que n'ont pas faits les Italiens.

La pièce de 3, piémontaise, a deux affûts, l'un à traineau, et l'autre à rouages. Je conseille d'employer le dernier, en renforçant l'entretoise de mire, et les flasques à l'endroit du tourrillons. Cet affût a l'avantage de ne pas culbuter comme le premier, lorsque la pièce s'exécute.

(*h*) Pour un équipage d'artillerie de montagne, je préférerais l'obusier de 5 pouces 6 lignes autrichien, à celui de 6 pouces français; parce que l'obus de 5 pouces 6 lignes pesant moins, est plus aisé à transporter dans les montagnes; et que d'ailleurs il porte plus juste et plus loin que le nôtre.

Il faudrait donc aussi faire couler de ces obusiers autrichiens; je ne dis pas seulement pour nos équipages de montagnes, mais pour nos armées. La longue portée de cette arme vient de ce qu'elle a le corps plus allongé que

notre

notre obusier de 6 pouces. Je ne suis pas le premier qui ait proposé cette substitution de l'obusier autrichien à l'obusier français.

L'obusier de 8 pouces Espagnol, soit dit aussi en passant, devrait bien également prendre la place de notre obusier de même calibre ; car l'Espagnol est une terrible et excellente arme par la longueur de ses portées. Cet obusier est aussi plus allongé que les français. Je reviens à celui de 5 pouces 6 lignes autrichien.

Soit qu'on l'emploie dans les équipages de montagne, soit qu'on lui préfère celui de 6 pouces français ; il faut se servir pour l'une et l'autre arme, de l'affût traîneau avec avant-train à limonière, et s'arranger pour que l'affût soit tel, qu'en ôtant les roulettes, on puisse se servir de l'obusier en guise de mortier.

Nota. Pour 6 bouches à feu d'artillerie de montagne, c'est-à-dire, pour 4 pièces de 3, et 2 obusiers de 5 pouces 6 lignes, on devra avoir une forge de montagne ; ce qui fera deux forges pour les 12 bouches à feu de montagne marchant avec une division de 12,000 hommes.

Ces forges, dont tout est en fer excepté le soufflet, sont décrites avec soin, ainsi que tout ce qui a rapport aux pièces, affûts, outils, et divers attirails des équipages de montagne, dans l'aide-mémoire.

(*i*) Il est aisé de voir, en effet, qu'en Italie et aux Pyrénées occidentales on n'aura pas besoin d'un cinquième de cavalerie contre quatre cinquièmes d'infanterie; tandis qu'il en faudra davantage en Flandres, en Alsace, et en général dans les pays de plaine. Les généraux fixeront ces proportions en raison des difficultés ou des avantages du terrain. Je ne parle ici que des bases proposées par le gouvernement, parce que tout calcul doit être assis sur une donnée.

(*k*) Un coup-d'œil jeté sur les aperçus ci-après, suffira pour faire voir que ce calcul n'est nullement exagéré.

L'armée d'Italie, au moment du traité de Campo-Formio, était composée des divisions d'infanterie de Massena, Brune, Serrurier, Bernadotte, Joubert, Delmas, Baraguay-d'Hilliers, Victor ; et des réserves de cavalerie Dumas, Dugua et Rey. La division Delmas n'était qu'une demi-division, celle Victor n'avait pas tout-à-fait la force des autres ; toutes, tant infanterie que réserves de cavalerie, quoique d'ailleurs incomplettes, ayant beaucoup perdu par les événemens de la guerre et les maladies, représentaient néanmoins les cadres de plus de 80,000 hommes.

Mais cette armée a depuis embrassé toute l'Italie, puisqu'elle a formé deux armées distinctes, dont l'une s'étendait des Alpes aux rives de l'Adige, et l'autre a occupé tout le territoire de la République romaine, et Naples.

Les prétentions de la maison d'Autriche à réprimer, et les secours que nous devons à nos alliés, peuvent nous forcer à remettre sur pied ces deux armées. Elles ne peuvent avoir moins de 120,000 hommes ensemble, tant infanterie que cavalerie, ci 120,000

L'armée des Pyrénées occidentales, dont j'ai commandé l'artillerie avant de commander celle de l'armée d'Italie, était de plus de 85,000 hommes lors de notre seconde irruption en Espagne, par Orbescette, Egui, Roncevaux, en l'an 3.

120,000

Rapport. 120,000

L'armée des Pyrénées orientales était au moins aussi considérable à la même époque.

Je ne porterai néanmoins ces deux armées qu'à 130,000 hommes au total ; ci. 130,000

J'estime que l'armée d'Helvétie sera toujours suffisante de 36,000 hommes ; ci 36,000

Je porte celle du Haut-Rhin à 60,000 hommes ; ci. 60,000

Même armée, depuis celle du Haut-Rhin jusqu'à la mer. 60,000

N'étant pas présumable qu'en ce moment les Anglais forment aucune entreprise de quelqu'importance sur nos côtes, je ne parlerai ici que par observation, des armées que nos frontières maritimes exigeraient si elles étaient menacées.

Le général Gribeauval a désigné dans ses mémoires quatre armées pour la défense de nos côtes.

La première, pour celles de la Méditerranée.

La seconde, pour celles de l'Océan, depuis Saint-Jean de Lutz jusqu'à l'embouchure de la Loire.

La troisième, pour les côtes de la ci-devant Bretagne et de la ci-devant Normandie, depuis l'embouchure de la Loire jusqu'à celle de la Seine.

Et la quatrième, pour les côtes de la Somme et du Pas-de-Calais, depuis l'embouchure de la Seine jusqu'à l'extrême frontière de la France, du côté de la Belgique.

Je pense que trois armées pourraient suffire pour la même étendue de côtes.

La première, depuis Flessingue jusqu'à l'embouchure de la Loire.

La seconde, depuis l'embouchure de la Loire jusqu'à la frontière de l'Espagne.

Et la troisième, pour la Méditerranée, depuis le port Vandres jusqu'à Oneille, frontière de la République ligurienne.

Ces trois armées exigeraient au moins 60,000 hommes, si, comme je viens de le dire, nous étions dans le cas d'être en défensive sur nos côtes.

Mais si nous n'employons pas ces 60,000 hommes pour cet objet, nous nous en servons pour pacifier les départemens de l'Ouest. Ainsi, nous les avons réellement sur pied ; ci. 60,000

Je ne parle pas de l'armée de l'intérieur, quoiqu'elle soit indispensable, parce qu'elle sera remplacée par celle de l'Ouest, lorsque cette dernière n'aura plus d'insurgés à ramener aux lois de la République.

La force totale des armées que la France serait obligée de mettre sur pied dans le cas d'une guerre générale, serait donc de 466,000 hommes, tant infanterie que cavalerie ; ci. 466,000

Prenant un terme moyen entre cette armée que nécessiterait une guerre à soutenir contre toutes les puissances, et celle qui nous suffirait dans l'état de paix ; nous aurons l'armée que nous cherchons, c'est-à-dire, celle que la République serait obligée d'entretenir dans le cas d'une guerre ordinaire.

L'état de paix proposé par le ministre Schérer, par sa lettre du 22 fructidor an 6, au comité central de l'artillerie, pour base de notre travail, était de 224,356 hommes, dont 175,600 d'infanterie, et 48,856 de cavalerie, sans y comprendre les troupes de l'artillerie et du génie, la gendarmerie, les canonniers gardes-côtes, et les vétérans. La France étendant ses frontières jusqu'au Rhin, ayant de nouvelles places à défendre, une plus grande étendue de côtes à garder, et des républiques alliées à soutenir ; je crois que le calcul de ce ministre est inadmissible; et que dans l'état de paix nous ne pouvons avoir moins de 274,000 hommes, tant infanterie que cavalerie, aussi sans y comprendre les troupes à excepter.

Or, le terme moyen entre ces 274,000 hommes, (armée de paix), et les 466,000 ci-dessus présumés nécessaires pour une guerre supposée générale, serait de 360,000 hommes. Je n'ai donc, comme je l'ai dit plus haut, *nullement exagéré*, en prenant ce terme moyen pour base d'évaluation des six armées ci-dessus, formant ensemble celles que nous ne pourrions nous dispenser d'entretenir dans le cas d'une guerre ordinaire.

(*l*) Dans les pays montueux, tout n'est pas inaccessible à l'artillerie de campagne des calibres ordinaires. Alors l'équipage de campagne n'étant pas dans le cas d'être employé, on le tient partie au parc général, et partie dans les dépôts en arrière ; mais toujours organisé et prêt à marcher.

(*l bis.*) A l'armée des Pyrénées occidentales l'équipage préparé pour le siége de Pampelune était de 110 bouches à feu.

A celle d'Italie, l'équipage pour le siége de la citadelle de Milan n'était que de 51 pièces : il en eût fallu davantage ; mais l'artillerie fut si bien servie, que le onzième jour de tranchée ouverte, la place se rendit.

L'équipage pour le siége de Mantoue, qui se fit immédiatement après celui de Milan, fut de 100 pièces tirées d'Alexandrie, de Tortone, de Ferrare, du fort Urbain, de Milan, etc. Le second siége de Mantoue fut un blocus qui allait se convertir en siége, lorsque Wurmser capitula.

(*m*) Je crois d'autant plus convenable de proposer la réunion des compagnies de pontonniers à celles d'ouvriers, qu'anciennement nos ouvriers construisaient des ponts de bateaux sur le Rhin, le Pô, et les autres fleuves ou rivières que nos armées avaient à traverser. J'ai fait faire à l'armée des Pyrénées occidentales, sur la rivière de la Bidassoa, torrent très-large et très-rapide en certains temps de l'année, des ponts de pontons, de bateaux, et sur pilotis, par nos compagnies d'ouvriers ; et dans toutes nos armées, on l'a fait avec le même succès, avant l'institution des compagnies de pontonniers.

(*n*) Les ouvriers artistes sont trop chers. Je propose d'augmenter de vingt le nombre des compagnies d'ouvriers de l'artillerie, mais je suppose qu'on s'en tienne aux douze qui existent, en les portant à 118 hommes chacune, comme je le demande (art. 172.), l'excédent de dépense de ces douze compagnies sur celles existantes, serait de 102,739 fr. 80 cent. Or les 32 brigades d'artistes, créées pour le service des arsenaux, par l'art. XLIV de la loi du 18 floréal an 3, relative à l'organisation de l'arme de l'artillerie, coûtent, suivant les prix accordés par la loi à ces ouvriers, 1,434,720 fr. 20 cent.

On gagnerait donc à les réformer 1,332,980 fr. 40 cent.

Aussi je n'avance rien de trop, lorsque je dis que ces ouvriers artistes sont trop chers. J'ajoute qu'au lieu d'accélérer les travaux de l'artillerie, ils les rallentissent, puisqu'ils sont sans expérience sur l'art des constructions de cette arme, qu'ils font leur apprentissage aux dépens des matières qu'ils gâtent pour s'instruire, et du travail de nos ouvriers qui perdent inutilement leur temps à leur montrer ce qu'ils devraient faire. Ajoutez l'inconvénient de décourager les vrais ouvriers de l'artillerie, par le prix modique qu'on leur donne, comparé à celui des soi-disant artistes, qui entravent plus leurs opérations qu'ils n'y sont utiles.

Si l'on repartissait le million, 331,980 fr. 40 cent. qu'on économiserait par la suppression de ces vampires de nos arsenaux, ces établissemens sur lesquels nos armées fondent leurs espérances, reprendraient leur ancienne activité, le courage renaîtrait parmi leurs ouvriers, et l'on ne reprocherait pas à une nation éclairée de soutenir une institution vicieuse dans son principe, et qu'elle serait inexcusable aujourd'hui de conserver, puisque ses lois ne sont plus commandées par la terreur, mais proposées par la sagesse, et marquées au sceau de la justice.

(*o*) Les Polygones servant à l'instruction des troupes de l'artillerie doivent être construits sur les vrais dimensions des fortifications des places, et non sur de petites proportions, comme le sont ceux de quelques-unes de nos écoles, parce que les simulacres de siége auxquels on doit exercer en temps de paix, les troupes voisines de nos Polygones, ne peuvent jamais être que mal exécutés sur des fronts rétrécis. Il faut que dans les exercices dont on veut tirer quelqu'instruction pour le militaire, le soldat attaquant ou défendant une fortification quelconque, ait affaire aux vrais ouvrages qu'il aura à soutenir ou à détruire à la guerre, sans quoi, les attaques ou les défenses sont engorgées, confuses, indéterminées, et aucuns des moyens de l'art qu'on doit avoir pour objet de faire connaître à ceux que l'on veut instruire, ne peuvent lui être bien développés.

(*p*) On doit aussi faire connaître aux officiers de l'artillerie la construction des ponts sur chevalets. J'en avais fait construire un à l'armée des Pyrénées occidentales, qui devait suivre le parc, et dont les montans ou pieds droits avaient la propriété de s'allonger ou de se raccoucir, suivant la profondeur de l'eau. Je l'avais fait exécuter par le citoyen Desprès, qui, dans le cours de la guerre, de simple ouvrier avait été promu au grade de lieutenant, pour récompense de ses talens et du courage qu'il avait montré en plusieurs occasions dans des construtions et manœuvres de ponts aussi hardies que dangereuses à exécuter devant l'ennemi.

(*q*) Je voudrais encore que dans la place où l'école des élèves de l'artillerie sera établie, il y eût, comme l'a proposé le général S. Remy dans nos conférences, sinon une grande manufacture d'armes, (ce qui ne serait pas toujours convenable pour ces sortes d'établissemens, qui ne peuvent être placés partout), du moins un assez grand atelier de fabrications et de réparations d'armes, pour en donner une idée suffisante aux élèves, étant essentiel qu'ils aient vu et étudié, avant de passer dans les régimens, toutes les constructions ou fabrications de quelque nature qu'elles soient, qu'ils peuvent être un jour chargés de faire exécuter.

(*r*) Pour se former une idée des besoins de ces parcs divisionnaires, et des convois perpétuels que leur approvisionnement est dans le cas de nécessiter; il ne faut que jeter les yeux sur le parc d'artillerie d'une division d'infanterie, et sur celui d'une réserve de cavalerie. (Voyez les états n.° 2 et 3). L'un de ces deux parcs étant composé de 69 voitures, et l'autre de 22, l'on voit s'ils peuvent se passer de gardes, soit dans les marches, soit dans les camps; et à plus fortes raison pendant les affaires.

Et quant aux convois, il est également aisé de voir qu'à mesure que les caissons des parcs divisionnaires sont vides de munitions, par la consommation faite en combattant, ou par les avaries qui ne sont que trop fréquentes à la guerre, on est obligé de les envoyer au grand parc pour les y faire remplir de nouvelles munitions; comme aussi l'on y fait passer les affûts, voitures et pièces endommagées dans les affaires, pour les échanger lorqu'on ne peut les faire réparer assez promptement dans les divisions.

Voilà ce qui oblige d'avoir à la guerre des compagnies de canonniers aussi nombreuses que je le propose.

Vous aviez à l'armée d'Italie, citoyen Général, bien plus de canonniers à pied que je n'en demande pour le service des divisions d'artillerie à pied; puisque vous aviez affecté, à chacune de ces divisions, une compagnie de canonniers de lignes de 88 hommes, suivant la formation actuelle, et une de demi-brigade que vous m'aviez ordonné de porter à 48 hommes; ce qui fesait au total 136 canonniers, officiers non compris. Il est vrai que nous ne comptions sur les canonniers volontaires que pour les corvées du Parc. Aussi, conviens-je que les 118 hommes canonniers que je demande aujourd'hui par compagnie, vaudront mieux que les 136 d'Italie, puisque parmi ces derniers, il n'y avait que les 88 de ligne sur lesquels on pût compter. Personne, sûrement, n'était plus économe que vous d'hommes et de temps; mais comme vous vouliez que l'artillerie servît, vous lui en donniez les moyens.

(*s*) Pour que les 96 compagnies dont il ici question fussent dans le cas de marcher à-la-fois, il faudrait que chaque division d'infanterie eût besoin d'employer, dans une action, ses 36 bouches à feu, savoir; les 12 marchant avec elle, les 12 de sa réserve au parc, et les 12 de son arrière-réserve dans les dépôts: or, ce cas n'est pas supposable, 1.° parce que ce serait s'exposer à perdre toute son artillerie, sans s'être réservé aucun moyen de la remplacer, imprudence dont on ne doit soupçonner aucun général, quelqu'étranger qu'il puisse être au service de l'artillerie, et au métier de la guerre en général; 2.° parce que dans une affaire, employer 86 bouches à feu pour 12,000 hommes, serait retomber dans la confusion que le système que je propose a pour objet d'éviter; et mettre, à proprement parler, l'embarras à la place de la science.

(*s bis.*) J'appelle les six armées mentionnées dans le cours de la note (*z*), nos six principales armées, parce qu'il est en effet possible que nous soyons obligés de les avoir toutes à-la-fois sur pied. Je les suppose égales pour la facilité du calcul des bouches à feu à leur attacher.

(*t*) Il faudrait 2880 canonniers pour les 360 bouches à feu qu'exigeraient les trois équipages ci-dessus, si l'on n'avait aucun secours à attendre des armées assiégeantes. Mais elles prêteront une partie des canonniers à pied, attachés à leurs divisions d'infanterie; on en tirera aussi des places voisines, et la ligne fournira les servans dont on aura besoin. C'est en comptant sur ces ressources, que je n'ai porté dans le calcul ci-dessus, que 1440 canonniers pour 360 bouches à feu de siége, à raison de 4 par pièce.

(*u*) Ce qui autorise cette réduction, c'est:

1.° Que soit dans nos armées, soit dans l'intérieur, toutes nos places ne devant pas être attaquées à-la-fois, celles qui ne le seront pas pourront fournir des canonniers à celles qui seront menacées de l'être;

2.° Que dans plusieurs de nos ports la majeure partie de l'artillerie est servie par la marine: ce qui diminue d'autant le nombre de canonniers à fournir par l'artillerie de terre; on peut particulièrement citer Brest, où toutes les batteries de l'intérieur de la rade, et celles des côtes adjacentes, appartiennent à la marine, et sont servies par ses canonniers;

3.° Et qu'enfin tout le monde sait que dans les siéges, jamais tous les fronts d'une place ne sont attaqués à-la-fois, puisqu'il ne peut y en avoir que deux au plus, ce qui donne la facilité de reverser une partie des canonniers des batteries non attaquées, sur celles qui le sont.

(*x*) J'ai demandé, dans mon mémoire sur la défense des côtes, que les batteries dont la peur et l'inexpérience ont hérissé notre frontière maritime, dans un temps où des hommes plus zélés qu'instruits, dirigaient des opérations qui leurs étaient étrangères, fussent visitées par des généraux de l'artillerie, du génie et de la marine, afin de faire connaître au gouvernement celles de ces batteries qui sont à conserver, et celles qui sont mal placées et insusceptibles d'utilité; les dépenses qu'occasionnent ces derniers en canons, munitions et canonniers, pouvant être mieux employés ailleurs.

(z) A l'armée des Pyrénées occidentales j'avais créé, de l'aveu du général en chef, trois compagnies d'armuriers à l'instar de celles des ouvriers d'artillerie.

Par ce moyen je formai trois grands ateliers de réparation d'armes, l'un à Saint-Sébastien, pour les divisions de la droite de l'armée; un autre à Saint-Jean de Pié de Port, pour les divisions de la gauche; et le troisième à Bayonne, pour celles du centre.

En avant de ces trois grands ateliers, qui devinrent comme autant de petites manufactures d'armes; j'établis, par échelons, des dépôts de fusils réparés, à des distances à portées des divisions actives.

Aussi, pendant toute la guerre, l'armée ne manqua-t-elle jamais d'armes, quoiqu'agissant à-la-fois sur différens points, et embrassant une immense étendue de terrain depuis la mer en avant de Saint-Sébastien, où s'appuyait notre droite, jusques dans les vallées de Bastan et d'Arreins, où se prolongeait notre gauche.

Ce que je propose ici de former des compagnies d'armuriers n'est pas un projet neuf, il en a été question dans l'ancien régime. Le vieux gouvernement quoiqu'endormi, ou pour mieux dire insouciant sur les projets les plus utiles, avait cependant senti la nécessité de mettre un frein à la cupidité des entrepreneurs de certaines manufactures d'armes, et de faire fabriquer celles à l'usage des troupes, par des moyens moins chers et plus dépendans de lui, ce qui eût réuni deux grands avantages.

Les inspecteurs des manufactures d'armes de Charleville, Maubeuge et Saint-Etienne furent consultés sur ce projet, et je le fus aussi par le chef de brigade d'Agoust, directeur général de ces trois établissemens, où j'avais été moi-même successivement employé, dirigeant à cette époque celui de Saint-Etienne.

Ce projet n'eut pas de suite; mais ce qui était nécessaire alors, ne l'est pas moins aujourd'hui. Il l'est même bien davantage, si nous voulons relever l'art de la fabrication des armes, art pour ainsi dire perdu depuis dix ans. Il nous fallait des armes sans doute; mais quelles armes a-t-on mises entre les mains de nos braves républicains? Si nous avons vaincu avec ces fusils grossièrement fabriqués, que n'eussions-nous pas fait avec de meilleures armes? Nous ne serions donc pas excusables aujourd'hui de ne pas apporter plus de soin à une fabrication aussi intéressante.

Comme il faut dans chaque manufacture d'armes plus de 2000 ouvriers de différentes classes, depuis la forge du canon et de la platine, jusqu'au fini de chaque partie de l'arme, on sent bien que les douze compagnies d'armuriers que je propose de mettre dans nos trois grandes manufactures, à rasion de 4 par chacune, ne serviront qu'à monter le travail. Le reste se fera par des ouvriers externes qu'on prendra à la journée, comme on a coutume de le faire dans les arsenaux de construction, lorsque nos compagnies d'ouvriers ne suffisent pas pour les travaux de l'artillerie. Au surplus, je vous soumets ces observations, citoyen Général, si vous adoptez les compagnies d'armuriers, je pense que sur le mode de formation de ces compagnies, et sur la manière de les employer, il ne pourra être qu'utile de consulter les inspecteurs actuels des manufactures d'armes de Charleville, Maubeuge, Saint-Etienne, Versailles, ainsi que les chefs de brigade Dagoust et Saint-Sernin, anciens directeurs généraux de ces établissemens.

(*aa*) Chaque compagnie du train d'artillerie doit être commandée (voyez l'article 3 de l'organisation des équipages) par un maréchal-des-logis-chef, deux maréchaux-des-logis, et quatre brigadiers. Elle doit avoir, en outre, un trompette, un maréchal et un bourrelier, ce qui exige en tout 10 chevaux de selle par compagnie; et par conséquent un dixième en sus à ajouter au nombre des chevaux et mulets de trait nécessaires aux équipages en général.

(*bb*) Le général Bonaparte vient de l'arme de l'artillerie; il l'a commandée en Italie avant de commander cette armée.

(*cc*) Je remis le drapeau de l'artillerie au 4.e régiment à pied de cette arme, parce qu'il était le seul qui eût la totalité de ses compagnies et son état-major à l'armée d'Italie. Les autres régimens de cette arme n'ayant que quelques compagnies détachées en Italie, je ne pus leur donner de drapeaux, mais je rendis celui du 4.e régiment à pied, commun à toute l'artillerie de l'armée, aux canonniers volontaires mêmes, puisque plusieurs de leurs compagnies avaient eu part à nos succès, et n'avaient fait qu'une famille avec nous dans les champs de Mars. Ce fut aussi ce que je pris plaisir à leur dire, à mesure que j'eus occasion de les voir dans les différentes divisions de l'armée.

Je distribuai aussi des étendards aux régimens d'artillerie à cheval, qui avaient la majorité de leurs compagnies et leur état-major à l'armée; et sur tous ces étendards je fis mettre la même inscription. La dispersion et le mouvement de ces compagnies, dont quelques-unes passèrent en France presque à la même époque, m'empêchèrent de satisfaire à leur impatience et à la mienne aussi vîte que je l'aurais voulu. Le 5.e régiment de cette arme n'eut même son étendard qu'à l'armée d'Angleterre, où j'eus le plaisir de le lui remettre à mon arrivée. Je n'ai pas besoin de dire que les jours où je distribuai à mes camarades ces drapeaux, prix de leur courage, furent les plus beaux, les plus heureux de ma vie.

(*dd*) Cette distribution de drapeaux se fit au champ de Mars à Milan, au lieu appelé autrefois le Lazareth, auprès de la pyramide qui portait les noms des braves de toutes les armes qui étaient morts au champ d'honneur. Le monument était à base polygonale, afin de présenter dans son élévation un nombre de faces égal à celui des différens corps dont l'armée était composée. Une face était consacrée à l'artillerie et au génie, une à l'infanterie, une à la cavalerie, et ainsi des autres corps. Sur celle de l'artillerie étaient gravés les noms du chef de brigade Carrère, moissonné dans la force de l'âge, et qui avait si bien justifié par ses talens l'avancement que vous lui aviez accordé; du brave Muiron, tué à côté de vous, à Arcole, et de tant d'autres excellens officiers et canonniers, dont je retrouverai les noms, puisque j'en suis comptable à la postérité ; le plus saint des devoirs de ceux qui commandent étant d'empêcher les belles actions de ceux qui ont contribué à leurs succès, de tomber dans l'oubli, et d'attacher à leurs noms les souvenirs glorieux qui doivent les suivre.

Je ne parle ici que de l'artillerie : mais les mêmes honneurs furent rendus aux généraux et aux soldats des autres armes qui avaient également perdu la vie dans les combats. La renommée aux cent voix publia leurs noms dans toute l'armée et les grava sur la pyramide, au bruit du canon et aux applaudissemens mille fois répétés de leurs camarades, jurant, la main sur les drapeaux que vous veniez de leur donner, de faire payer cher à l'ennemi la mort de ces braves. Ainsi les honneurs que vous rendiez à des héros assuraient des vengeurs à la patrie.

Et ce que vous faisiez à Milan se répétait dans toutes les autres divisions de l'armée, ou pour mieux dire dans toute l'Italie, puisqu'il n'y existait pour ainsi dire pas un champ dont la terre ne fût arrosée du sang des défenseurs de la liberté, et que le voyageur ne pouvait y faire un pas sans être averti qu'il foulait aux pieds un héros. De là, tant de monumens semblables à celui de Milan, élevés dans ces belles contrées autrefois habitées par le peuple guerrier qui tint si long-temps le premier rang sur la terre.

De là, l'ardeur toujours nouvelle de vos troupes, qui, à la vue de ces pyramides honorées des noms de leurs généraux et de ceux des braves qui avaient sacrifié avec eux leur vie pour la patrie, vous payaient avec usure les jours de bataille, les honneurs que vous aviez rendus aux compagnons de leurs travaux.

Heureux si, dans cet ouvrage, j'ai présenté à ceux qui commanderont un jour nos armées, ou occuperont les premières places de la République aussi dignement que je devais le faire, l'idée de ces monumens consacrés à la valeur ; monumens dont vous avez le premier donné l'exemple, et qui fixeront toujours la victoire chez les peuples qui sauront récompenser la vertu. Heureux sur-tout, si j'ai convaincu une nation généreuse et grande, de l'obligation que ses victoires mêmes lui ont imposée, d'être ressouvenante des belles actions des héros qui se sont dévoués pour la faire triompher de ses ennemis.

D'ailleurs en quelle plus belle occasion pouvais-je chercher à réveiller chez les Français cette idée de reconnaissance de la patrie envers ceux qui ont péri en la défendant, qu'au moment où je vois les premières autorités de la République, réclamant vos principes régénérateurs de tout esprit d'ordre et de justice, vous représenter que les divers gouvernemens qui ont opprimé le France avant l'époque où vous l'avez délivrée de ses tyrans, n'ont rien fait pour consigner aux races futures les noms des braves militaires, ou des généreux citoyens qui ont payé de leur sang notre liberté, et cimenté dans toute les parties du monde, la gloire de la République. A entendre les orateurs complices de l'inertie criminelle de ces gouvernemens déprédateurs, des monumens allaient s'élever dans toutes les parties de la

France, en l'honneur des guerriers morts au champ de bataille. Mais ces annonces emphatiques ont eté sans effet.

C'est ce que vous écrit le ministre de l'intérieur, (29 ventôse dernier). Il ajoute :

« Tous les points de la république sont illustrés par la naissance et la » mort des guerriers, et leurs noms ne sont gravés que dans la mémoire » de leurs concitoyens. . . . L'étranger, frappé d'admiration, chercherait » en vain sur notre sol les noms des héros. Cette négligence, continue-t-il, » n'appartient point à la nation, etc. ». Je n'acheverai pas ici le tableau d'un gouvernement sans force au-dedans, sans considération au-dehors, et uniquement occupé à se soutenir contre des factions nées de sa faiblesse sous lesquelles il allait succomber. Je me bornerai à dire avec le ministre, interprète du vœu des peuples, que c'est à vous, citoyen premier consul, qui avez rendu aux Français l'espoir de conserver leur liberté, qu'il appartient de réaliser ces monumens de reconnaissance de la patrie envers ses libérateurs, et d'acquitter cette dette sacrée du peuple français. Nos désirs sont remplis. . . . Vous avez consigné dans un arrêté du gouvernement les mesures qui seront prises pour que dans tous les départemens des colonnes soient élevées à la mémoire des militaires morts en défendant la patrie, ou après l'avoir illustrée.

Cet arrêté, ne pouvant être très-utilement placé que dans un ouvrage dont les principes doivent élever l'ame des jeunes militaires, je l'insérerai ici tout entier. Semblable à l'abeille qui compose son miel du suc des fleurs qu'elle picore, je m'empare de tout ce qui peut tendre à donner à mes élèves une éducation martiale, et à les nourrir, ou pour mieux dire à les enivrer de l'amour de la gloire.

Je voudrais même que cet arrêté fût gravé sur une colonne élevée dans le champ d'exercice de chaque école militaire : car, n'en doutons pas, dans toute étude les préceptes sont arides, mais les grands exemples frappent, et ces expressions restent.

ARRÊTÉ DES CONSULS DE LA RÉPUBLIQUE,

Du 29 ventôse.

Art. I.er Il sera élevé dans chaque chef-lieu de département, sur la plus grande place, une colonne à la mémoire des braves du département, morts pour la défense de la patrie et de la liberté.

II. Sur cette colonne seront inscrits les noms de tous les militaires domiciliés dans le département, qui, après s'être distingués par des actions d'éclat, seront morts sur le champ de bataille.

III. Le nom d'aucun homme vivant ne pourra être inscrit sur la colonne, à l'exception de celui des militaires qui, en conséquence de l'arrêté du 4 nivôse dernier, auront obtenu des sabres, fusils, grenades, ou baguettes d'honneur.

IV. A Paris, outre la colonne du département de la Seine, qui sera élevée sur la place *Vendôme*, il sera érigé une grande colonne nationale, au milieu de la place de la Concorde.

V. Les noms des militaires morts après avoir rendu des services d'une importance majeure, seront inscrits sur la colonne nationale.

VI. Les conseils de département sont chargés d'arrêter dans la prochaine session, sur la présentation du préfet, les noms des militaires qui doivent être inscrits sur la colonne départementale.

VII. Les frais des colonnes des départemens seront pris sur les centimes additionnels. Le ministre de l'intérieur réglera le *maximum*.

VIII. Les frais de la colonne nationale seront pris sur le trésor public.

IX. Les formes et les dimensions des colonnes seront arrêtées par un jury d'artistes, et approuvées par le ministre de l'intérieur, qui est chargé de l'exécution du présent arrêté.

FIN DES NOTES.

OBSERVATIONS FINALES.

I.

Dans cet Essai, l'organisation du matériel de l'artillerie est celle que j'ai développée dans le mémoire que j'ai remis au comité central de cette arme, et déposée dans ses archives, le 27 germinal an 7, époque à laquelle finirent nos conférences sur cette organisation. Ainsi, en imprimant cet ouvrage, je n'y ai absolument rien changé; quant aux principes, j'ai seulement cherché à lui donner un ordre plus méthodique, et plus commode pour le lecteur.

Quant à l'organisation du personnel de l'artillerie, elle est aussi la même que dans le mémoire précité, avec cette différence, cependant, que dans le mémoire je ne demandais que dix régimens d'artillerie à pied et dix à cheval pour tous les services de cette arme, et qu'aujourd'hui j'en voudrais onze à pied et onze à cheval. Peut-être même trouvera-t-on qu'il en faudrait douze à pied. Je ne dirai pas qu'une grande République doive avoir une grande artillerie, mais qu'elle doit l'avoir proportionnée à ses armées, au nombre de ses places, à l'importance de ses possessions lointaines, au secours qu'elle doit à ses alliés, etc. La loi du 23 fructidor an 7, relative au personnel de la guerre, n'a pas accordé à beaucoup près à l'artillerie l'augmentation de troupes dont elle avait besoin; cette loi sans doute a été dictée par l'économie : mais y en a-t-il à exposer des armées à être battues ? Pourquoi, lorsque la pénurie de fonds nous a empêché de donner à notre artillerie l'extension dont elle avait besoin, n'avoir pas créé quelques demi-brigades d'infanterie de moins, et quelques régimens d'artillerie de plus ? Croyait-on remplir le but de la guerre, qui est de vaincre, en présentant à l'ennemi beaucoup de troupes, et peu d'artillerie pour les soutenir ? Une armée n'est forte qu'autant que les deux principales armes qui la composent, artillerie et infanterie, sont organisées l'une pour l'autre, sans quoi elles peuvent être toutes deux vaincues; et alors il n'y aura pas de raison pour que des troupes en fuite se rallient, si elles n'ont point de canon pour arrêter l'ennemi. Je rapporte ici mot-à-mot ce que j'écrivais le 20 floréal an 7, au ministre de la guerre, auquel je cherchais à prouver la nécessité d'augmenter de deux le nombre des régimens d'artillerie alors existans. Mais à cette époque le désordre de nos finances ne permettait pas aux ministres les plus zélés de donner suite aux projets utiles qui leur étaient adressés : leur zèle était enchaîné par les dilapidations du fisc que rien ne pouvait arrêter. Jetons un voile sur ces temps malheureux, où l'Etat était sur le penchant de sa ruine. Un nouveau jour à éclairé la France : je ne dirai pas à qui nous le devons, citoyen premier Consul, mais m'en fallait-il davantage pour m'engager à vous présenter cet ouvrage, dans lequel d'ailleurs je ne professe que vos principes ?

II.

Je n'ai déterminé à l'article de l'organisation du personnel de l'artillerie ni le nombre des généraux de division et de brigade de ce corps qui seront employés sous les ordres du premier inspecteur, ni celui des directeurs, sous-directeurs et gardes d'artillerie; ni enfin les arrondissemens et les tournées des inspecteurs-généraux, parce que ce travail ne peut être arrêté que par le gouvernement, lorsque les limites de la République auront été définitivement réglées, et que ses arsenaux et ses places le seront aussi.

III.

Le nombre des régimens d'artillerie ayant toujours été insuffisant pour le service de cette arme, on a voulu en différens temps y suppléer par des bataillons du secours ou auxiliaires : on l'a aussi proposé dans les conférences du comité central de l'artillerie. Je combattis ce projet, parce qu'il eût plus coûté à mettre à exécution, que de porter les compagnies de nos régimens d'artillerie à pied à 118 hommes, comme je le demandais, le surcroît de dépense venait sur-tout de ce que les bataillons auxiliaires n'étaient pas sans état-majors, non moins inutiles qu'embarrassans pour l'artillerie. D'ailleurs la dépense eût elle été la même, il était bien plus avantageux que l'artillerie fût servie par l'artillerie.

Et enfin, en supposant qu'il y eût de l'économie à attacher des auxiliaires à l'artillerie, pour éviter d'augmenter le nombre des régimens de cette arme, il faudrait encore bien se garder d'adopter cette prétendue économie, puisqu'il n'y en a point, comme je l'ai déjà dit, à s'exposer à être battu.

I V.

Si je demande à l'art. 71 que « la pièce de 4 par bataillon, affectée aux demi-brigades d'infanterie de bataille » soit supprimée, c'est qu'elle ne l'est encore que par le fait, et non par une loi : par le fait, en ce que dans toutes nos armées les généraux et les troupes semblent s'être entendus pour rejeter toutes pièces de campagne de la ligne, et ne les employer qu'en position ; et qu'il n'existe en effet aucune loi qui ait rapporté l'art. 51 de celle du 18 floréal an 3, relative à l'organisation de l'arme de l'artillerie, laquelle attache une pièce de 4 à chaque bataillon.

Si l'on m'objectait qu'en demandant ici la suppression des pièces de bataillon attachées aux troupes, je parais en contradiction avec ce que je dis à l'art. 29 de cet Essai, où j'exige que l'artillerie entretienne par chaque division d'armée 36 bouches à feu, dont 12 suivront la division et feront corps avec elle, ce qui semblerait admettre des pièces de bataille attachées aux troupes ; je répondrais que, si par pièces *faisant corps* avec une division, on entendait combattant en ligne avec les troupes de cette division, on saisirait mal mon système, ou je l'aurais mal expliqué.

Lorsque dans une armée j'affecte un nombre déterminé de bouches à feu, à un nombre aussi déterminé de combattans, ce n'est pas pour que ces pièces soient attachées aux troupes des divisions comme les pièces de 4 l'étaient aux bataillons pour combattre en ligne ; mais parce que tout le canon d'une armée ne devant pas former une seule colonne, ce qui entraverait nécessairement la marche des troupes, j'ai cru devoir le partager de manière à en faire marcher le tiers avec les divisions; c'est-à-dire celui destiné à combattre avec elles, ayant soin de proportionner, par cette disposition, l'artillerie conduite aux troupes conduisantes.

Jusques-là le canon n'est, comme on le voit, attaché à aucune partie de l'armée, mais à l'armée en général; en sorte que si une division, par exemple, conduit douze pièces, à raison des douze mille hommes dont elle est composée; c'est afin que si elle est détachée de l'armée pour agir seule, elle ait à sa disposition le tiers de son artillerie, comme l'armée dont elle est un élément, marche aussi avec le tiers de la sienne.

On voit, d'après cette explication, qu'on ne doit pas confondre le canon attaché aux divisions, qui ne doit être employé qu'en batteries de position, comme on l'a vu à l'art. 12, avec celui des bataillons, qui était toujours mis en ligne, et gênait par conséquent les manœuvres des troupes.

A l'armée des Pyrénées occidentales je n'avais pu faire marcher ainsi avec les divisions un tiers de l'artillerie, c'est-à-dire le premier destiné à combattre avec les troupes, parce que faute de moyens de transport on ne pouvait, comme je l'ai dit à l'article 16, rien organiser à cette armée. J'étais obligé de tenir tout mon canon de campagne en masse au parc, ayant à peine quelques pièces attelées et disposées par échelons, ainsi que leurs approvisionnemens et rechanges, pour les faire passer aux divisions agissantes, à mesure des besoins de l'armée. Les expéditions faites, tout rentrait au parc. On voit combien ce service, continuellement arrêté par manque de chevaux, de fourrages, et souvent de charretiers, était loin de l'activité des équipages d'artillerie de l'armée d'Italie.

V.

Nos bouches à feu de campagne sont les pièces courtes de 12, de 8, de 4, et l'obusier de 6 pouces; mais en Italie l'expérience nous a fait connaître que la portée de la pièce de 4 courte n'était pas suffisante pour la guerre de campagne. J'ai employé cette pièce aux Pyrénées occidentales lorsque je n'ai pu faire autrement, mais dès que j'ai eu des pièces de 4 longues, je m'en suis servi de préférence, la portée de ces dernières étant plus grande, plus juste, et l'impulsion du boulet plus forte. Aussi le général Gribeauval admettait-il, comme je l'ai observé à l'art. 3, dans les parcs d'artillerie des armées $\frac{1}{5}$ de pièces de 4 longues, contre $\frac{4}{5}$ de courtes.

Mais une observation encore plus essentielle à faire ici, c'est que dans notre artillerie de campagne nous avons trop de calibres différens. Je ne voudrais, comme c'était votre opinion dans mes conférences en Italie, citoyen Général, que nous n'eussions dans les parcs d'artillerie de nos armées, que des pièces de 12, de 6, et des obusiers de 5 pouces 6 lignes.

Alors les divisions d'artillerie à pied seraient composées de deux pièces de 12 françaises, deux de 6 autrichiennes, et deux obusiers de 5 pouces 6 lignes aussi autrichiens; et celles à cheval de quatre pièces de 6, autrichiennes, et deux obusiers de 5 pouces 6 lig. aussi ennemis.

Il faudrait bien se garder de jamais employer les pièces de 5 et celles de 3, autrichiennes : celle de 5 par la raison qu'en a donné Dupuget dans ses mémoires connus de tous les artilleurs, et celle de 3 à cause de la presque nullité de ses effets.

En employant la pièce de 6, je voudrais qu'on lui donnât un peu plus de longueur, et les dimensions françaises, car les Autrichiens mettent trop de différence entre le diamètre de la culasse et celui de la volée, ou ce qui est le même, entre les deux bases opposées du cône tronqué, ce qui induit souvent à erreur le canonnier, qui, par paresse, trouve plus commode de viser le long du métail, que de rectifier ce faux pointage, en faisant usage de la hausse.

Mais je ne puis faire ici ces observations que transitoirement, à cause des bornes de cet Essai, me proposant de les développer dans une recherche particulière des calibres auxquels je crois qu'il conviendrait de fixer notre artillerie de campagne, ainsi que celle de siége. Alors je discuterai les

dimensions

dimensions de chaque pièce ; car nous ne pouvons nous dissimuler que sur cette partie les créateurs de l'artillerie nous ont laissé à faire. C'est à nous à finir, avec reconnaissance, ce qu'ils nous ont donné à perfectionner.

V I.

Aux articles 149 et 150, en parlant de la composition des compagnies des régimens d'artillerie à pied et à cheval, j'ai oublié de dire pourquoi je comprenais dans ces compagnies quelques ouvriers en fer et en bois. La raison est, que le service de l'artillerie des divisions devant être fait par des compagnies entières, avantage qu'on sent assez, sans que j'aie besoin de le développer ici, chaque compagnie aura avec elle les ouvriers nécessaires pour les réparations journalières du train d'artillerie de la division d'armée ou de la réserve de cavalerie à laquelle elle sera attachée, ce qui évitera de morceler nos compagnies d'ouvriers, en les dispersant dans toutes les divisions d'une armée par petits détachemens de quatre ou cinq hommes, et permettra au contraire de les employer par compagnies entières, soit dans les parcs, soit dans les arsenaux, soit aux ponts à construire sur les grandes rivières.

V I I.

J'ai borné (art. 65) à cinquante cartouches d'infanterie le nombre de celles que le soldat doit porter avec lui. Je crois que c'est lui en donner assez, et qu'on doit s'opposer à ce qu'il lui en soit délivré davantage. J'ai vu en Espagne et en Italie, des commandans de demi-brigade faire distribuer jusqu'à 60, et souvent même 80 cartouches par homme. Qu'arrive-t-il de cette prodigalité de munitions ? que lorsque le soldat, ayant la pluie sur le corps, fait des marches forcées ou grimpe des montagnes, etc., il se trouve tellement surchargé de ces cartouches, qu'il les jette en partie pour s'alléger, ou les vend. Ces pertes multipliées sont ruineuses pour la République, car elles obligent l'artillerie à avoir, pour une seule armée, des approvisionnemens en poudre, qui souvent seraient plus que suffisans pour deux.

VIII.

Plusieurs officiers des différentes armes, et de l'artillerie, croient que l'organisation des armées par divisions n'est pas la meilleure; et qu'il serait préférable de les organiser, comme autrefois, par grandes masses.

Si je suis d'une opinion contraire, ce n'est pas seulement parce que la composition des armées par divisions égales ou élémens déterminés (art. 26, 27 et 28) est plus commode pour l'artillerie que ne l'était l'ancienne formation, mais parce qu'avec des divisions égales on peut, comme on le veut, faire de grandes ou de petites armées, et que l'artillere, une fois appliquée à une armée formée d'après ce système, toute partie ou fragment de la même armée se trouvera organisée comme le tout.

Une ou plusieurs divisions de différentes armées se rencontreraient ou se réuniraient à dessein, que leur ensemble serait aussi organisé en artillerie, de la même manière, ce qui est un très-grand avantage pour le calcul des approvisionnemens, des rechanges, etc.

Et si l'on considère les choses du côté de l'économie, on verra aussi que le seul moyen de borner les dépenses de l'artillerie est de convenir bien précisément de son organisation par rapport à l'armée, *et vice versa*, sans quoi il n'y aura pas de raison pour que cette arme, qui, comme je l'ai déjà dit, doit toujours avoir trop pour avoir assez, ne demande pas, après les affaires, beaucoup au-delà de ses besoins. Voulez-vous, en général, régler vos dépenses sur quelque objet que ce soit, et savoir en quoi elles consisteront ? agissez d'après un plan.

IX.

Dans les conférences précitées du comité central de l'artillerie, un membre adopta mon principe de donner à une armée, comme je l'avais fait aux Pyrénées occidentales et en Italie, trois pièces par 1000 hommes; mais avec cette différence qu'il en attachait deux aux 1000 hommes, et laissait la troisième au parc ; et que je n'en faisais marcher qu'une avec les 1000 hommes, laissant la seconde au parc, et la troisième dans les dépôts en arrière du parc.

Cet officier faisait donc marcher 24 bouches à feu avec 10 à 12,000 hommes. Or, nous avons éprouvé en Espagne et en Italie, que 12 pièces étaient tout ce que pouvait comporter une division d'armée d'environ 12,000 hommes, puisque ces 12 pièces nécessitaient un parc divisionnaire d'artillerie de 69 voitures et 352 chevaux de trait (voyez l'état n.° 2), et que 24 pièces exigeraient, dans une division d'infanterie, 138 voitures et 704 chevaux de trait, non compris 70 de selle, etc.

Je pense aussi, que dans les affaires ordinaires qui peuvent avoir lieu dans le cours d'une campagne, 24 bouches à feu de campagne, combattant avec 12,000 hommes, feraient sortir du principe justifié par les succès de deux grandes armées (*celle des Pyrénées occidentales et celle d'Italie*), de ne jamais montrer à l'ennemi (art. 61.) qu'assez de canon pour le battre, étant suffisant d'en avoir le double à portée pour des cas très-extraordinaires, et qu'on ne peut même guères supposer (note *s*).

X.

Je ne puis me dispenser de dire encore un mot ici sur l'inconvénient que j'ai indiqué aux articles 12 et 13, de composer les divisions d'artillerie à pied de 8 bouches à feu semblables.

Il n'est personne qui ne convienne qu'il n'arrivera pas deux fois dans une campagne qu'une division d'armée, détachée pour agir seule, soit obligée d'employer au même poste 8 pièces d'un même calibre ; mais je suppose (contre l'expérience) que ce cas arrive.

On ne pourrait donner à aucune division de 12,000 hommes 8 pièces de 12, et encore moins 8 obusiers, à cause du grand nombre de voitures qu'exigeraient ces divisions. Cette base de 8 bouches à feu serait donc tout au plus applicable aux pièces de 8 et de 4; et il en résulterait encore que le nombre des voitures d'une division de 12, ou d'obusiers, serait de moitié plus considérable que celui d'une division de 4.

Il arriverait aussi que si l'on voulait avoir de tous calibres dans une division, il faudrait, ou adopter 32 bouches à feu marchant avec la division, dont huit de 12, huit de 8, huit de 4 et huit obusiers, ou ne mettre par division d'armée que des parties de divisions d'artillerie, comme deux pièces de 12, deux de 8, deux de 4 et deux obusiers, au lieu de deux pièces de 12, quatre de 4 et deux obusiers ; ce qui morcelerait et les divisions d'artillerie et les compagnies qui leur seraient attachées, et serait absolument contraire au mode de service le plus généralement adopté dans toutes nos armées, de ne faire servir les divisions du matériel de l'artillerie que par des compagnies entières de cette arme.

D'ailleurs comment concilier le principe de huit bouches à feu par division d'artillerie à pied, avec celui de trois pièces par 1000 hommes dont nous sommes convenus au comité, puisqu'une division d'armée, supposée de 10 à 12,000 hommes, exigerait 30 ou 36 bouches à feu, nombre indivisible par 8.

Ma composition de divisions d'artillerie de 6 bouches à feu de divers calibres au choix des généraux suivant la nature du pays (art 27, 29 et note *e*), n'expose à aucun morcélement, ni dans le matériel, ni dans le personnel de l'arme, puisqu'une division, une fois formée comme elle devra l'être ; pour l'Italie, par exemple, ou pour l'Espagne ou pour la Flandres, ou pour l'Allemagne, etc., la compagnie destinée à la servir ne la quittera pas.

Le nombre de 6 a d'ailleurs l'avantage d'être un diviseur exact de 30 ou 36, qui sont, comme je l'observe plus haut, les nombres de pièces que l'artillerie aurait à entretenir dans une armée pour les divisions d'infanterie de 10 ou de 12,000 hommes.

Ainsi les divisions d'artillerie que je propose, ou, pour mieux dire, celle de l'armée d'Italie, satisfont à tout, et semblent, s'il m'est permis de le dire, être organisées pour les divisions, élémens des armées, comme ces élémens pour elles.

X I.

Dans mon mémoire, remis au comité central de l'artillerie, je n'ai point fait mention de la réunion du génie à l'artillerie ; mais j'en avais lu le projet à mes collègues, ou plutôt, l'application que je faisais de celui du général Aboville à mon système d'organisation du personnel de l'artillerie. Plusieurs d'entre eux l'ayant trouvé préférable à tous ceux qui ont paru jusqu'ici, j'ai cru remplir leur désir en l'imprimant à la suite de cet Essai.

X I I.

Je dois encore prévenir que le plan d'instruction de l'école des élèves de l'artillerie que je donne dans cet ouvrage, n'est pas, à beaucoup près, mon dernier mot sur une éducation aussi intéressante. Je n'ai présenté mes vues sur cet objet qu'en grand, me contentant d'indiquer ce que je ne pourrai développer complétement, que lorsque je traiterai de l'organisation des armées, à laquelle celle de l'artillerie me conduit nécessairement.

X I I I.

Enfin une dernière observation que je dois encore faire avant de terminer ces notes, c'est que je suis loin de penser que l'organisation du matériel de l'artillerie, telle que je la propose dans cet ouvrage, ne soit pas susceptible de quelques changemens à la guerre. Un système d'artillerie qui n'admettrait aucunes modifications, ne pourrait se plier à tous les terrains, et serait par conséquent inadmissible lui-même. Je n'ai, à proprement parler, voulu proposer que des formations générales, comme l'art donne des règles dont le génie a toujours droit de s'écarter, j'observe seulement que s'écarter, c'est supposer des limites ; il fallait donc en poser : c'est ce que j'ai cherché à faire, au risque même de me tromper. Si je ne réussis pas, si je ne fais que préparer la solution d'une question importante pour l'armée, je n'aurai pas moins servi ma patrie. D'ailleurs, serait-on citoyen, si la crainte d'échouer empêchait de faire des efforts pour contribuer au bien commun ?

FIN.

TABLE DES MATIERES.

PREMIÈRE PARTIE.

ORGANISATION DU MATÉRIEL DE L'ARTILLERIE.

SECONDE PARTIE.

ORGANISATION DU PERSONNEL DE L'ARTILLERIE.

FORMATION DES TROUPES DE L'ARTILLERIE.

TROISIEME PARTIE.

PLAN D'INSTRUCTION DE L'ÉCOLE DES ÉLÈVES DE L'ARME DE L'ARTILLERIE.

FIN DE LA TABLE.

N.° 1.

…ouches à feu de campagne que l'artillerie …nir pour une armée de 360,000 hommes, …0 d'infanterie, et 72,000 de cavalerie, …portion de $\frac{1}{5}$ de cavalerie contre $\frac{4}{5}$ d'in-

			Calibres et Espèces.					
			12	8	4	obusiers de 6 p.		
…es à feu artillerie …gée d'en- pour les …ions qui …ent les … hom. …erie de …	Bouches à feu marchant avec les 24 divisions composant les 288,000 hom. d'infanterie.	à pied,	48	»	48	48	864	1080
		à cheval,	»	96	»	48		
	Bouches à feu aux parcs pour remplacer celles manquant aux divisions d'infanterie.	à pied,	48	»	48	48		
		à cheval,	»	96	»	48		
	Bouches à feu en arrière pour remplacer celles des parcs.	à pied,	48	»	48	48		
		à cheval,	»	96	»	48		
…hes à feu artillerie …gée d'en- pour les …ves com- …es 72,000 …s de cava- l'armée.	Bouches à feu marchant avec les 12 réserves composant les 72,000 hom. de cavalerie.	à cheval,	»	48	»	24	216	
	Bouches à feu dans les parcs pour remplacer celles manquant dans les 12 réserves de cavalerie.	à cheval,	»	48	»	24		
	Bouches à feu dans les dépôts pour remplacer celles des parcs.	à cheval,	»	48	»	24		
	Tot. par esp. et calibres		144	432	144	360		
	Total général . . .			1080				

N.° 2

c d'artillerie d'une division de 12,000 ommes d'infanterie.

ÉSIGNATION DES OBJETS.	NOMBRE DE CHEVAUX.	
es de 12 à 6 chevaux	12	104
sons *idem* à 4 chevaux.	24	
es de 4 à *id*.	8	
sons d'*id*. à *id*.	8	
siers de 6 pouces à *id*.	8	
sons d'*id*. à *id*.	24	
rriot d'outils à pionniers et tranchans. . .	4	
;e de campagne.	4	
ure de pièces de rechange.	4	
son d'outils pour les ouvriers.	4	
ure de prolonge pour les équipages. . . .	4	
:s de 8 à 6 chevaux.	24	144
ons d'*id*. à *id*.	48	
siers de 6 pouces à *id*.	12	
ons d'*id*. à *id*.	36	
es de campagne, l'une pour le ferrage des evaux des équipages, et l'autre pour celui s chevaux de la compagnie de canonniers ectés au service des pièces ; ladite dernière rge servant aussi aux ouvriers en fer attachés a division. On ne portera ici ces deux forges 'à 4 chevaux, parce que n'allant pas à l'ennemi, il n'est pas nécessaire qu'elles soient elées comme les pièces et caissons. . . .	8	
riot d'outils à pionniers et tranchans. . .	4	
on d'outils pour les ouvriers.	4	
ure de pièces de rechange.	4	
ure de prolonge pour l'équipage.	4	
ons, dont 17 pour l'infanterie, et 1 pour la valerie, à 4 chevaux.	. .	72
TOTAL des chevaux attelés.		320
hevaux de trait non attelés, mais de rechange, à on de 10 par 100 sur les 320 ci-dessus, ci . .		32
TAL des chevaux de trait, tant attelés que de echange, ci.		352
uoi il faut ajouter un dixième pour les chevaux e monture nécessaires pour les sous-officiers, ompettes, maréchaux et bourreliers des compagnies u train d'artillerie. (Voyez l'art. 190 et la note *aa*.) .		35
TAL des chevaux de trait et de selle qu'exige parc d'artillerie d'une division d'armée de 12,000 ommes, ci.		387

du parc d'artillerie d'une réserve de cavalerie de 6,000 hommes.

Voitures.	DÉSIGNATION DES OBJETS.	NOMBRE de CHEVAUX.
4	Pièces de 4 à 6 chevaux.	24
4	Caissons d'*idem* à *id.* . . , ...	24
2	Obusiers de 6 pouces à *idem*	12
6	Caissons d'*id.* à *idem*	36
1	Caisson de cartouches, dont moitié pour mousquetons et l'autre moitié pour pistolets, à 4 chevaux. . . .	4
2	Forges de campagne, l'une pour les chevaux de l'équipage, et l'autre pour ceux des canonniers attachés au service des pièces. Cette dernière forge sera aussi à l'usage des ouvriers du parc de la division.	8
1	Charriot de pièces de rechange. . .	4
1	Charriot d'outils pour les ouvriers. .	4
1	Prolonge pour les équipages. . . .	4
22	TOTAL des chevaux de trait attelés.	120
	Chevaux de trait non attelés, mais de rechange, à raison de 10 par 100. .	12
	TOTAL des chevaux de trait, tant attelés que de rechange.	132
	A quoi il faudra ajouter un dixième pour les chevaux de selle des sous-officiers, trompettes, maréchaux et bourreliers des compagnies du train d'artillerie. (Art. 190 et note *aa.*) .	13
	TOTAL des chevaux, de trait et de selle qu'exige le parc d'artillerie d'une réserve de cavalerie de 6,000 hommes.	145

N.° 1.

ETAT des bouches à feu de campagne que l'artillerie doit entretenir pour une armée de 360,000 hommes, dont 288,000 d'infanterie, et 72,000 de cavalerie, dans la proportion de $\frac{1}{5}$ de cavalerie contre $\frac{4}{5}$ d'infanterie.

				Calibres et Espèces.					
				12	8	4	obusiers de 6 p.		
Armée de 360,000 hom., dont 288,000 d'infanterie, et 72,000 de cavalerie, comprenant toutes les armées que la France peut être dans le cas d'entretenir dans l'état de guerre, non compris les troupes de l'artillerie et du génie.	Bouches à feu que l'artillerie est obligée d'entretenir pour les 24 divisions qui composent les 288,000 hom. d'infanterie de l'armée.	Bouches à feu marchant avec les 24 divisions composant les 288,000 hom. d'infanterie.	à pied,	48	»	48	48	864	1080
			à cheval,	»	96	»	48		
		Bouches à feu aux parcs pour remplacer celles manquant aux divisions d'infanterie.	à pied,	48	»	48	48		
			à cheval,	»	96	»	48		
		Bouches à feu en arrière pour remplacer celles des parcs.	à pied,	48	»	48	48		
			à cheval,	»	96	»	48		
	Bouches à feu que l'artillerie est obligée d'entretenir pour les 12 réserves composant les 72,000 hommes de cavalerie de l'armée.	Bouches à feu marchant avec les 12 réserves composant les 72,000 hom. de cavalerie.	à cheval,	»	48	»	24	216	
		Bouches à feu dans les parcs pour remplacer celles manquant dans les 12 réserves de cavalerie.	à cheval,	»	48	»	24		
		Bouches à feu dans les dépôts pour remplacer celles des parcs.	à cheval,	»	48	»	24		
		Tot. par esp. et calibres.		144	432	144	360		
		TOTAL GÉNÉRAL. . . .		1080					

ETAT du parc d'artillerie d'une division de 12,000 *hommes d'infanterie.*

	Voitures.	DÉSIGNATION DES OBJETS.	NOMBRE DE CHEVAUX.	
Artillerie à pied.	2	Pièces de 12 à 6 chevaux.	12	104
	6	Caissons *idem* à 4 chevaux.	24	
	2	Pièces de 4 à *id.*	8	
	2	Caissons d'*id.* à *id.*	8	
	2	Obusiers de 6 pouces à *id.*	8	
	6	Caissons d'*id.* à *id.*	24	
	1	Charriot d'outils à pionniers et tranchans. . .	4	
	1	Forge de campagne.	4	
	1	Voiture de pièces de rechange.	4	
	1	Caisson d'outils pour les ouvriers.	4	
	1	Voiture de prolonge pour les équipages. . . .	4	
Artillerie à cheval.	4	Pièces de 8 à 6 chevaux.	24	144
	8	Caissons d'*id.* à *id.*	48	
	2	Obusiers de 6 pouces à *id.*	12	
	6	Caissons d'*id.* à *id.*	36	
	2	Forges de campagne, l'une pour le ferrage des chevaux des équipages, et l'autre pour celui des chevaux de la compagnie de canonniers affectés au service des pièces ; ladite dernière forge servant aussi aux ouvriers en fer attachés à la division. On ne portera ici ces deux forges qu'à 4 chevaux, parce que n'allant pas à l'ennemi, il n'est pas nécessaire qu'elles soient attelées comme les pièces et caissons. . . .	8	
	1	Charriot d'outils à pionniers et tranchans. . .	4	
	1	Caisson d'outils pour les ouvriers.	4	
	1	Voiture de pièces de rechange.	4	
	1	Voiture de prolonge pour l'équipage.	4	
Cartouches pour l'infanterie et la cavalerie.	18	Caissons, dont 17 pour l'infanterie, et 1 pour la cavalerie, à 4 chevaux.	. .	72
TOT. des voitures.	69	TOTAL des chevaux attelés.		320
		Chevaux de trait non atteléa, mais de rechange, à raison de 10 par 100 sur les 320 ci-dessus, ci . .		32
		TOTAL des chevaux de trait, tant attelés que de rechange, ci.		352
		A quoi il faut ajouter un dixième pour les chevaux de monture nécessaires pour les sous-officiers, trompettes, maréchaux et bourreliers des compagnies du train d'artillerie. (Voyez l'art. 190 et la note *aa*.) .		35
		TOTAL des chevaux de trait et de selle qu'exige le parc d'artillerie d'une division d'armée de 12,000 hommes, ci.		387

N.° 3.

ETAT du parc d'artillerie d'une réserve de cavalerie de 6,000 hommes.

	Voitures.	DÉSIGNATION DES OBJETS.	NOMBRE de CHEVAUX.
	4	Pièces de 4 à 6 chevaux.	24
	4	Caissons d'*idem* à *id.* . . , . . .	24
	2	Obusiers de 6 pouces à *idem*	12
	6	Caissons d'*id.* à *idem*	36
	1	Caisson de cartouches, dont moitié pour mousquetons et l'autre moitié pour pistolets, à 4 chevaux. . . .	4
	2	Forges de campagne, l'une pour les chevaux de l'équipage, et l'autre pour ceux des canonniers attachés au service des pièces. Cette dernière forge sera aussi à l'usage des ouvriers du parc de la division.	8
	1	Charriot de pièces de rechange. . .	4
	1	Charriot d'outils pour les ouvriers. .	4
	1	Prolonge pour les équipages. . . .	4
TOTAL des voitures.	22	TOTAL des chevaux de trait attelés.	120
		Chevaux de trait non attelés, mais de rechange, à raison de 10 par 100. .	12
		TOTAL des chevaux de trait, tant attelés que de rechange.	132
		A quoi il faudra ajouter un dixième pour les chevaux de selle des sous-officiers, trompettes, maréchaux et bourreliers des compagnies du train d'artillerie. (Art. 190 et note *aa.*) .	13
		TOTAL des chevaux, de trait et de selle qu'exige le parc d'artillerie d'une réserve de cavalerie de 6,000 hommes.	145

ETAT *du parc d'une division de 6 bouches à feu d'artillerie de montagne.*

	MULETS de bât et de trait.
4 Pièces de 3, piémontaises, avec munitions : Vingt-quatre mulets de bât. . . . 24 Douze mulets de rechange. 12	36
2 Obusiers de 5 pouces 6 lignes, autrichiens, avec munitions et affût-traîneau à limonière : Cinquante-huit mulets, dont 16 de trait pour l'affût-traîneau, et 42 de bât pour les deux obusiers et les munitions.	58
1 forge de montagne : 3 mulets.	3
TOTAL *des mulets, tant de trait que de bât, nécessaires pour une division de 6 bouches à feu de montagne.*	97
Et comme une division de 12,000 hommes dans les montagnes aura deux semblables divisions d'artillerie marchant avec elle, il est clair que pour ses 12 bouches à feu il faudra en tout 194 mulets, tant de trait que de bât.	194
J'en ajouterai encore 6, dont 2 de trait et 4 de bât, pour rechanges, parce que dans les montagnes on ne peut en avoir trop.	6
TOTAL, 200 *mulets.*	200
A quoi il faudra ajouter un dixième de chevaux de selle pour les sous-officiers, trompettes, maréchaux et bourreliers des compagnies du train d'artillerie. (Art. 190 et note *aa.*)	20
Il faudra en outre 100 mulets de bât pour porter à dos les cartouches d'infanterie de la division de 12,000 hommes, et 10 chevaux de selle. . . .	110
TOTAL des chevaux et mulets. . . .	330

www.ingramcontent.com/pod-product-compliance
Ingram Content Group UK Ltd.
Pitfield, Milton Keynes, MK11 3LW, UK
UKHW021155260726
13994UKWH00001B/477